Handbuch zur Lösung militärischer Chiffren

Parker Hitt

Writat

Diese Ausgabe erschien im Jahr 2023

ISBN: 9789359253930

Herausgegeben von
Writat
E-Mail: info@writat.com

Inhalt

EINFÜHRUNG

der Kriegsgeschichte wimmelt es von Gelegenheiten, bei denen das Abfangen von in einfacher Sprache verfassten Depeschen und Befehlen zu einer Niederlage und einer Katastrophe für die Streitmacht führte, deren Absichten so dem Feind sofort bekannt wurden. Aus diesem Grund verwenden umsichtige Generäle seit jeher Chiffrier- und Codenachrichten. Die Notwendigkeit einer genauen Darstellung von Ideen schließt die Verwendung von Codes für militärische Arbeiten praktisch aus, obwohl es möglich ist, dass ein spezieller taktischer Code für die Vorbereitung taktischer Befehle nützlich sein könnte.

Um das Kommunikationsgeheimnis einigermaßen sicher zu gewährleisten, ist es daher notwendig, für allgemeine militärische Zwecke auf Chiffren zurückzugreifen. Man kann hier genauso gut sagen, dass keine praktikable militärische Chiffre mathematisch nicht zu entziffern ist, wenn sie abgefangen wird; Es ist höchstens zu erwarten, dass die Entschlüsselung der Nachricht durch den Abfangjäger länger oder kürzer verzögert wird.

Die Gefangennahme von Boten ist nicht mehr das einzige Mittel, das dem Feind zur Verfügung steht, um Informationen über die Pläne eines Befehlshabers zu erhalten. Alle ausgesendeten Funknachrichten können an feindlichen Stationen in Funkreichweite kopiert werden. Wenn der Feind einen feinen Draht innerhalb von 30 Fuß an eine Summerlinie oder innerhalb von 30 Fuß an eine Telegrafenlinie erreichen kann, kann die Nachricht durch Induktion kopiert werden. Nachrichten, die über kommerzielle Telegrafenleitungen und sogar über militärische Leitungen übermittelt werden, können von Spionen in den Büros kopiert werden. Auf permanenten Telegrafenleitungen ist es möglich, schnelle automatische Sende- und Empfangsgeräte zu installieren und so das heimliche Kopieren von Nachrichten zu verhindern, bei anderen Kommunikationsmitteln reicht jedoch nur eine sichere Verschlüsselung aus.

Es ist nicht nur der Nachrichtentext, der verschlüsselt sein sollte. Ebenso wichtig ist, dass bei der Übermittlung die Präambel, der Ort, das Datum, die Adresse und die Unterschrift verschlüsselt werden; Dies sollte jedoch vom sendenden Betreiber durchgeführt werden und diese Teile müssen natürlich vom empfangenden Betreiber vor der Zustellung entschlüsselt werden. Zu diesem Zweck sollte eine spezielle Operator-Verschlüsselung verwendet werden, aber es ist schwierig, eine vorzuschreiben, die für den durchschnittlichen Operator einfach genug, schnell und dennoch einigermaßen sicher ist. Eine Art Rotationsverschlüsselungsmaschine scheint für diesen speziellen Zweck am besten geeignet zu sein.

Es erübrigt sich, darauf hinzuweisen, dass eine Chiffre, die vom Feind in wenigen Stunden entschlüsselt werden kann, mehr als nutzlos ist. Das Verschlüsseln und Entschlüsseln einer Nachricht dauert selbst mit der einfachsten Chiffrierart überraschend lange, und Fehler bei der Übertragung von Chiffriermaterial über Kabel oder Funk kommen leider allzu häufig vor.

Kerckhoffs hat erklärt, dass eine militärische Chiffre die folgenden Anforderungen erfüllen sollte:

- 1. Das System sollte materiell, wenn nicht sogar mathematisch, nicht zu entziffern sein.

- 2d. Es sollte keine Unannehmlichkeiten verursachen, wenn die Geräte und Methoden in die Hände des Feindes fallen.

- 3d. Der Schlüssel sollte so beschaffen sein, dass er ohne die Notwendigkeit schriftlicher Notizen kommuniziert und erinnert werden kann, und er sollte nach Belieben der Korrespondenten veränderbar sein.

- 4. Das System sollte auf die telegrafische Korrespondenz anwendbar sein.

- 5. Das Gerät sollte leicht zu tragen sein und von einer einzigen Person bedient werden können.

- 6. Schließlich sollte das System angesichts der Umstände, unter denen es verwendet werden muss, einfach zu bedienen sein und weder mentale Anstrengung noch die Kenntnis einer langen Reihe von Regeln erfordern.

Eine kurze Betrachtung dieser sechs Bedingungen muss zu dem Schluss führen, dass es keine perfekte militärische Chiffre gibt. Die erste Anforderung wird von denjenigen, die die Verwendung einer bestimmten Chiffre vorschreiben, am häufigsten übersehen, und selbst wenn sie nicht übersehen wird, wird die Unentzifferbarkeit einer Chiffre, die wahrscheinlich für militärische Zwecke verwendet wird, von denjenigen, die ihre Verwendung vorschreiben, normalerweise erheblich überschätzt.

Wenn dies nicht wahr wäre, hätte die Erstellung dieser Notizen weder Material noch Zweck gehabt. Von den Hunderten tatsächlicher Chiffriernachrichten, die der Autor untersucht hat, wurden mindestens neun Zehntel mit den dargelegten Methoden gelöst. Diese Nachrichten wurden mit den von der US-Armee, den verschiedenen mexikanischen Armeen und ihren Geheimagenten verwendeten Methoden sowie mit anderen allgemein gebräuchlichen Methoden erstellt. Der übliche Fehler trat bei sehr kurzen Nachrichten auf. Ausländische Arbeiten lassen darauf schließen, dass viele europäische Mächte zu militärischen Zwecken Verschlüsselungsmethoden eingesetzt haben, die von extremer Einfachheit bis zu einer Komplexität reichen, die eher scheinbar als real ist. Welche Auswirkungen die jüngsten Ereignisse auf diese Angelegenheit hatten, bleibt abzuwarten. Es genügt, dass die Chiffrierexperten praktisch aller europäischen Länder immer wieder an die Militärbehörden ihrer jeweiligen Länder appelliert haben, diese nutzlosen Chiffren abzuschaffen und etwas zu übernehmen, das mehr Sicherheit bietet, auch auf Kosten anderer Überlegungen.

Die Chiffre des Amateurs oder des Laien, der sie für einen bestimmten Zweck erfindet, fällt mit ziemlicher Sicherheit in eine der Klassen, deren Lösung eine einfache Sache ist. Der menschliche Geist funktioniert nach dem gleichen Prinzip, auch wenn der Einzelne Originalität anstrebt, und dies gilt insbesondere für die Chiffrierarbeit, da so wenige Informationsquellen zur Verfügung stehen. Mit anderen Worten: Wenn der Durchschnittsmensch sich an die Entwicklung einer Chiffre macht, hat er nichts zu verbessern; Er erfindet, und es gibt niemanden, der ihm sagt, dass seine Erfindung im Prinzip Hunderte von Jahren alt ist. Die Chiffren des Abbé Tritheme von 1499 bilden die Grundlage für die meisten modernen Substitutions-Chiffren.

Angesichts dieser Tatsachen sollte keine Nachricht als unentzifferbar angesehen werden. Sehr kurze Nachrichten sind oft sehr schwierig und können leicht nicht analysiert und gelöst werden. Es ist jedoch überraschend, was mit einer Nachricht, die nur aus wenigen Worten besteht, manchmal erreicht werden kann.

Bei aktiven Einsätzen sind sofort Chiffrierexperten gefragt. Wie alle anderen Experten wird der Chiffrierexperte nicht an einem Tag geboren oder gemacht; Und nur die ständige Arbeit mit Chiffren, kombiniert mit einer gründlichen Kenntnis der ihnen zugrunde liegenden Prinzipien, macht diesen Namen würdig.

KAPITEL I

Ausrüstung für Chiffrierarbeiten

Erfolg im Umgang mit unbekannten Chiffren wird an diesen vier Dingen in der genannten Reihenfolge gemessen; Ausdauer, sorgfältige Analysemethoden, Intuition, Glück. Die Fähigkeit, zumindest die Sprache des Originaltextes zu lesen, ist sehr wünschenswert, aber nicht unbedingt erforderlich.

Chiffrierarbeit wird für jemanden, der sofort und ohne Arbeit Ergebnisse erwartet, kaum eine dauerhafte Anziehungskraft haben, denn die Erstellung von Häufigkeitstabellen, die Neuanordnung von Chiffren für die Prüfung und das Ausprobieren und Anpassen von Buchstaben sind eine große Menge reiner Routinearbeit Buchstaben, bevor die Nachricht angezeigt wird.

Die in diesen Anmerkungen dargelegten Analysemethoden decken nur die einfacheren Chiffrierarten ab und es ist natürlich unmöglich, alle Arten dieser Chiffren aufzuzählen. Man geht davon aus, dass die festgelegten Methoden solide sind, und mehrere Jahre erfolgreicher Arbeit in dieser Richtung scheinen diese Annahme zu bestätigen. Für fortgeschrittenere Arbeiten bleibt keine andere Möglichkeit, als die europäischen Autoritäten zu studieren, deren Schriften größtenteils auf Französisch, Deutsch und Italienisch verfasst sind und leider nur selten in englischen Übersetzungen verfügbar sind.

Unter Intuition muss die Kenntnis der allgemeinen Situation und, wenn möglich, der besonderen Situation, die zum Senden der Chiffriernachricht geführt hat, verstanden werden. Das Wissen oder die Vermutung, dass eine bestimmte Chiffriernachricht ein bestimmtes Wort enthält, führt oft zu ihrer Lösung.

Was das Glück angeht, gibt es das alte Bergmannssprichwort: „Gold ist dort, wo man es findet."

Nun wird die Ausstattung eines Büros betrachtet, in dem viel Chiffrierarbeit erledigt wird. Der Gelegenheitsarbeiter mit Chiffriermitteln kommt mit viel weniger aus, aber die Methoden zum Ablegen und Aufzeichnen aller untersuchten Nachrichten sollten nach Möglichkeit befolgt werden. Der Austausch von Ergebnissen zwischen Einzelpersonen und zwischen Ämtern sollte gefördert werden und im aktiven Betrieb verpflichtend sein. Ein Feind kann die gleiche Chiffre in weit voneinander entfernten Teilen des Einsatzgebiets verwenden, und es ist nutzlos, wenn viele Chiffrierbüros an abgefangenen Nachrichten arbeiten, alle in der gleichen Chiffre, wenn ein Büro möglicherweise die Lösung hat, die für alle gilt von ihnen.

Chiffrierarbeiten erfordern Konzentration und Ruhe und müssen oft ohne Rücksicht auf Stunden erfolgen. Unter Berücksichtigung dieser Punkte sollte das Büro ausgewählt werden. Eine geistliche Kraft ist wünschenswert und sogar notwendig, wenn viel zu tun ist. Der oder die Sachbearbeiter können bald für die Durchführung des Routineteils der Analyse geschult werden.

Es wird davon ausgegangen, dass jede Feldarmee über ein solches Büro verfügen sollte, in das alle Chiffren, die von Streitkräften unter dem Kommando des Feldarmeekommandanten abgefangen wurden, sofort zur Prüfung geschickt werden sollten. Diese Arbeit obliegt natürlich der Geheimdienstabteilung des Generalstabs in diesem Hauptquartier. Ein spezieller Radiosender, der nur über Empfangsgeräte verfügt, sollte eine Ergänzung zu diesem Büro sein und seine Aufgabe sollte darin bestehen, alle feindlichen Funknachrichten zu kopieren, sei es in verschlüsselter Form oder im Klartext. Ein solcher Radiosender erfordert nur eine kleine Antenne; Eine Antenne vom Typ „Pack- Set" oder eine beliebige Amateurantenne reicht aus, und die Stationsinstrumente können problemlos im Koffer transportiert werden. Damit die Station während der gesamten 24 Stunden „mithören" kann, sollten drei überaus kompetente Operatoren zur Verfügung gestellt werden.

Das Büro sollte mit Häufigkeitstabellen der Sprache des Feindes ausgestattet sein, die einzelne Buchstaben und Digraphen umfassen; ein Wörterbuch und eine Grammatik dieser Sprache; Kopien des War Department Code, des Western Union Code und aller anderen verfügbaren; Arten von Geräten oder zumindest Daten über vom Feind verwendete Geräte und Chiffriermethoden; und ein sicherer Aktenschrank und eine Kartei zum Ablegen untersuchter Nachrichten. Wünschenswert ist auch eine Schreibmaschine.

Die Büroarbeit an einer zu prüfenden Chiffre sollte auf Papier in standardisierter und einheitlicher Größe erfolgen. Gedruckte Formulare mit 26 linierten Zeilen und einem vertikalen Alphabet sind praktisch und sparen Zeit bei der Erstellung von Häufigkeitstabellen. Alle neuen Verschlüsselungsmethoden, die nachweislich vom Feind verwendet werden, sollten, sobald sie gelöst sind, allen entsprechenden Stellen der Armee zur Information mitgeteilt werden.

Wenn ein Feind nicht besonders wachsam wäre und Schlüssel und Methoden häufig änderte, wäre ein solches Büro in wenigen Tagen in der Lage, alle abgefangenen Chiffrierkommunikationen des Feindes praktisch ohne Verzögerung vollständig offenzulegen.

KAPITEL II

Prinzipien des Mechanismus einer geschriebenen Sprache

wenigen Ausnahmen, insbesondere dem Chinesischen, bestehen alle modernen Sprachen aus Wörtern, die wiederum aus Buchstaben gebildet werden. In jeder Sprache sind die Anzahl der Buchstaben und ihre herkömmliche Reihenfolge festgelegt. Daher wird Englisch mit 26 Buchstaben geschrieben und ihre herkömmliche Reihenfolge ist A , B , C , D , E usw. Einige Buchstaben werden sehr häufig verwendet, andere selten. Wenn man tatsächlich zehntausend aufeinanderfolgende Buchstaben eines Textes zählt und die Häufigkeit des Vorkommens jedes Buchstabens notiert, sind die gefundenen Zahlen praktisch identisch mit denen, die man aus jedem anderen Text mit zehntausend Buchstaben in derselben Sprache erhält. Auch bei sehr kurzen Texten gilt der relative Anteil des Vorkommens der einzelnen Buchstaben annähernd.

Eine solche Zählung einer großen Anzahl von Buchstaben wird in Form einer Tabelle als Häufigkeitstabelle bezeichnet. Jede Sprache hat ihre eigene Häufigkeitstabelle und für jede Sprache ist die Häufigkeitstabelle fast so fest wie das Alphabet. Es gibt geringfügige Unterschiede bei den Häufigkeitstabellen, die aus Texten zu speziellen Themen erstellt werden. Handelt es sich bei dem Text beispielsweise um Zeitungsartikel, weicht die Häufigkeitstabelle geringfügig von einer aus militärischen Befehlen erstellten Tabelle ab und unterscheidet sich auch geringfügig von einer aus Telegrafennachrichten erstellten Tabelle. Diese Unterschiede sind jedoch im Vergleich zu den Unterschieden zwischen den Häufigkeitstabellen zweier verschiedener Sprachen sehr gering.

Auch hier gibt es für jede Sprache ein festes Verhältnis des Vorkommens jedes Buchstabens zu jedem anderen, und dies stellt in Tabellenform eine Tabelle der Häufigkeit von Digraphen dar. Auf die gleiche Weise könnte eine Tabelle mit Trigraphen erstellt werden, die das Auftretensverhältnis von drei beliebigen Buchstaben in Folge zeigt, eine solche Tabelle wäre jedoch sehr umfangreich und normalerweise wird eine Zählung der häufigeren Drei-Buchstaben-Kombinationen verwendet.

Andere Tabellen, wie etwa die Häufigkeit der Anfangs- und Endbuchstaben von Wörtern, könnten von Nutzen sein, aber die gängige Praxis besteht darin, Chiffretexte in Gruppen von jeweils fünf oder zehn Buchstaben einzuteilen und Wortformen zu eliminieren. Dies ist in der Telegrafie- und Funkkommunikation nahezu eine Notwendigkeit, damit der empfangende Betreiber den korrekten Empfang einer Nachricht überprüfen kann. Er muss fünf Buchstaben pro Wort haben, nicht mehr und nicht weniger, sonst ist er sicher, dass ein Fehler gemacht wurde. Die Wiederherstellung der Wortformen in der entschlüsselten Nachricht bereitet in der Regel kaum Schwierigkeiten.

Wir gehen nun der Reihe nach auf die verschiedenen Häufigkeitstabellen und sprachlichen Besonderheiten des Englischen und Spanischen ein. Es folgen Häufigkeitstabellen für Französisch, Deutsch und Italienisch für einzelne Buchstaben. Alle Häufigkeitstabellen wurden aus mindestens zehntausend Buchstaben Text neu berechnet und mit vorhandenen Tabellen verglichen. Es konnte jedenfalls kein deutlicher Unterschied zwischen den neu berechneten und den bereits verwendeten Tabellen festgestellt werden.

Daten zur Lösung von Chiffren in Englisch

TABELLE I. – Normalfrequenztabelle. Häufigkeit für zehntausend Briefe und für zweihundert Briefe. Letzteres ist in grafischer Form dargestellt und stellt zwangsläufig eine Annäherung dar. Aus militärischen Befehlen und Berichten, englischer Text.

	10.000 Briefe	200 Briefe	
A	778	16	1111111111111111
B	141	3	111
C	296	6	111111
D	402	8	11111111
E	1277	26	11111111111111111111111111
F	197	4	1111
G	174	3	111
H	595	12	111111111111
ICH	667	13	1111111111111
J	51	1	1
K	74	2	11
L	372	7	1111111

	10.000 Briefe	200 Briefe	
M	288	6	111111
N	686	14	11111111111111
Ö	807	16	1111111111111111
P	223	4	1111
Q	8		
R	651	13	1111111111111
S	622	12	111111111111
T	855	17	11111111111111111
U	308	6	111111
V	112	2	11
W	176	3	111
X	27		
Y	196	4	1111
Z	17		

Vokale AEIOU = 38,37 %; Konsonanten LNRST = 31,86 %; Konsonanten JKQXZ = 1,77 %.

Die Vokale können sicher mit 40 %, die Konsonanten LNRST mit 30 % und die Konsonanten JKQXZ mit 2 % angenommen werden.

Reihenfolge der Buchstaben: ETOANIRSHDLUCMPFYWGBV KJXZQ .

TABELLE II. — Häufigkeitstabelle für Telegrafennachrichten, englischer Text. Diese Tabelle weicht geringfügig von der Standardhäufigkeitstabelle ab, da das gebräuchliche Wort „the" in Telegrammen selten verwendet wird und bei der Vorbereitung von Telegrafennachrichten die Tendenz besteht, längere und weniger gebräuchliche Wörter zu verwenden.

	10.000 Briefe	200 Briefe	
A	813	16	1111111111111111
B	149	3	111
C	306	6	111111
D	417	8	11111111
E	1319	26	11111111111111111111111111
F	205	4	1111
G	201	4	1111
H	386	8	11111111
ICH	711	14	11111111111111
J	42	1	1
K	88	2	11
L	392	8	11111111
M	273	6	111111
N	718	14	11111111111111
Ö	844	17	11111111111111111
P	243	5	11111
Q	38	1	1
R	677	14	11111111111111
S	656	13	1111111111111
T	634	13	1111111111111
U	321	6	111111
V	136	3	111

	10.000 Briefe	200 Briefe	
W	166	3	111
X	51	1	1
Y	208	4	1111
Z	6		

In dieser Tabelle sind die Vokale AEIOU = 40,08 %, die Konsonanten LNRST = 30,77 % und die Konsonanten JKQXZ = 2,25 %.

Reihenfolge der Briefe: EOANIRSTDLHUCMPYFGWBV KXJQZ .

TABELLE III. — Häufigkeitstabelle von Digraphen, Dualen oder Paaren (Englisch). Diese Tabelle wurde aus 20.000 Briefen erstellt, die angegebenen Zahlen basieren jedoch auf 2.000 Briefen. Aus diesem Grund handelt es sich gewissermaßen um Näherungswerte; Das heißt, nur weil für bestimmte Kombinationen keine Zahlen angezeigt werden, sollten wir nicht davon ausgehen, dass solche Kombinationen nie vorkommen, sondern vielmehr, dass sie selten sind. Die Buchstaben in der horizontalen Linie oben und unten sind die Anfangsbuchstaben; die in den vertikalen Spalten an den Seiten sind die folgenden Buchstaben. Daher können wir davon ausgehen, dass wir in zweitausend Buchstaben einmal AH und sechsundzwanzig Mal HA finden.

	A	B	C	D	E	F	G	H	ICH	J	K	L	M	N	Ö	P	Q	R	S	T	U	V	W	X	Y	Z
A		1	7	10	22	3	2	26	4	2	2	7	8	11	2	9		13	12	9		2	4	1	12	
B	5			1	2				1	1	1	1	2				2	1	3				1			
C	6		1	1	14	2			11			11	3				2	3	1	1		1		1		
D	6			12	30	1			2	4			30	1			4	1	1	1		1		3		
E		11	14	16	12	2	6	33	10	2	6	18	14	12	1	7		36	11	12	2	16	5		1	1
F	3			2	8	2	1		2		2	1	3		25			3	1	1				1		
G	4			1	3				2				11	2			3							1		
H	1		11	2	4	1	4				1		2	1	1	2	10	50			3		2			
ICH	2	1	4	12	6	5	1	12	1	5	9	8	12	1	3			12	13	22	2	3	6		1	1
J		1																								

	A	B	C	D	E	F	G	H	ICH	J	K	L	M	N	Ö	P	Q	R	S	T	U	V	W	X	Y	Z
K	1		1		2													2	1		1					
L	14	6	2	1	6	1	1	1	6		9		3	6	3			3	2	3	5					
M	7			3	13	2		2	3			4	1	10				4	1	1					2	
N	38			3	25		2	1	31		3		2	2	39			4	3		11		2			
Ö	1	1	12	4	8	8	3	12	18	2	4	7	8	3	7			13	15	22		2	6	1	5	
P	2			1	8				1		2	4	2	3	2			1	8	1	4			3	1	
Q				2									1	1					1							
R	16	1	3	3	40	3	6	2	6		1	2	1	25	8			2	2	8	11				2	
S	16	1		3	25	1	2		17		1	2	1	12	7	2		9	11	6	11		1		6	
T	25	1	3	12	13	5	2	3	20		2	1	24	8	2			16	20	11	6		2	2	7	
U	1	2	1	6	1	3	2	2			3	3	1		17	1	5	3	5	5				1		
V	3	1			5				5					3		2			5					1		
W	1			2	8		1	1			1	1	2	4					2	3					3	
X	1				4				2					1							1					
Y	3	2		2	4		1	1			8	1	2		1			3	1	7						
Z	1								1					1												
	A	B	C	D	E	F	G	H	ICH	J	K	L	M	N	Ö	P	Q	R	S	T	U	V	W	X	Y	Z

TABELLE IV. – Reihenfolge der Häufigkeit gemeinsamer Paare, die bei einer Zählung von 2.000 Buchstaben eines militärischen oder halbmilitärischen englischen Textes zu erwarten ist. (Basierend auf einer Zählung von 20.000 Buchstaben).

TH	50	BEI	25	ST	20
ER	40	DE	25	IO	18
AN	39	ES	25	LE	18
EIN	38	VON	25	IST	17

RE	36	ODER	25	OU	17
ER	33	NT	24	AR	16
IN	31	EA	22	ALS	16
ED	30	TI	22	DE	16
ND	30	ZU	22	RT	16
HA	26	ES	20	VE	16

TABELLE V. – Tabelle der Wiederholungen von Gruppen von drei Buchstaben, die bei einer Zählung von 10.000 Buchstaben eines englischen Textes zu erwarten sind.

DER	89	TIO	33	Sommerzeit	27
UND	54	FÜR	33	TIS	25
THA	47	NTE	31	OFT	23
HNO	39	HAT	28	STH	21
ION	36	NCE	27	MÄNNER	20

TABELLE VI. — Tabelle der Häufigkeit des Vorkommens von Buchstaben als Anfangs- und Endbuchstaben englischer Wörter. Basierend auf einer Zählung von 4.000 Wörtern; Diese Tabelle enthält die Zahlen für durchschnittlich 100 Wörter und ist wie Tabelle III notwendigerweise eine Annäherung. Englische Wörter stammen aus so vielen Quellen, dass es nicht unmöglich ist, dass jeder Buchstabe als Anfangs- oder Endbuchstabe eines Wortes vorkommt, obwohl Q , X und Z selten als Initialen vorkommen und B , I , J , Q , V , X und Z sind als Finale selten.

Briefe   A B C D E F G H IC J K L M N Ö P Q R S T U V W X Y Z
                              H

Anfänglic 9 6 6 5 2 4 2 3 3   11 24 2 1 2 - 4 5 1 2 - 7 - 3 -
h   0   7

Finale   1 - - 1 1 6 4 2 -   - 1 6 1 9 4 1 - 8 9 1 1 - 1 - 8 -
                      0 7   1

Es ist praktisch unmöglich, in einem englischen Text fünf aufeinanderfolgende Buchstaben ohne Vokal zu finden, und wir können von eins bis drei mit zwei als allgemeinem Durchschnitt ausgehen. In zwanzig Buchstaben können wir mit 6 bis 9 Vokalen rechnen, wobei der Durchschnitt bei 8 liegt. Untereinander ist die relative Häufigkeit des Auftretens jedes Vokals (einschließlich Y , wenn ein Vokal) wie folgt:

A,	19,5 %	E,	32,0 %	ICH,	16,7 %
Ö,	20,2 %	Du,	8,0 %	Y,	3,6 %

Die vorstehenden Tabellen geben alle wesentlichen Fakten über den Mechanismus der englischen Sprache vom Standpunkt der Lösung von Chiffren aus. Der Nutzen dieser Tabellen wird deutlich, wenn man sich mit der Lösung verschiedener Arten von Chiffren beschäftigt.

Daten zur Lösung von Chiffren auf Spanisch

Die spanische Sprache wird mit dem folgenden Alphabet geschrieben:

ABC   CH   DEFGHIJL   LL
MN Ñ OPQR RR STUVXYZ

während der genaue Sinn oft von der Verwendung von Akzenten über den Vokalen abhängt. Allerdings ist es bei Chiffrierarbeiten äußerst unpraktisch, die permanenten Digraphen CH , LL und RR zu verwenden , und sie erscheinen als solche in keinem der untersuchten Exemplare spanischer oder mexikanischer Chiffren. Auch betonte Vokale und Ñ kommen nicht vor und wir können im Allgemeinen sagen, dass eine Chiffre, deren Text spanisch ist, mit dem folgenden Alphabet erstellt wird:

ABCDEFGHIJLMNOPQRSTUV XYZ

und der Empfänger muss die Akzente und die Tilde über dem N bereitstellen , um dem allgemeinen Sinn zu entsprechen.

Viele mexikanische Chiffrieralphabete enthalten jedoch die Buchstaben K und W. Dies gilt insbesondere für die von Geheimdienstagenten verwendeten Chiffren, die auf Wörter wie NEW YORK , WILSON und WASHINGTON vorbereitet sein müssen . Die Buchstaben K und W kommen jedoch nur in vernachlässigbarer Häufigkeit vor, außer in Kurznachrichten, in denen Wörter wie diese mehr als einmal vorkommen.

Wenn in diesem Zusammenhang eine Chiffre mexikanische geografische Namen wie CHIHUAHUA , MEXICO , MUZQUIZ enthält, haben die Buchstaben H , X und Z eine etwas übertriebene Häufigkeit.

folgt auf den Buchstaben Q immer ein U und auf das U immer einer der anderen Vokale A , E , I oder O. Da QUE oder QUI in spanischen Texten, insbesondere in telegrafischer Korrespondenz, nicht selten vorkommt, ist es erwähnenswert, dass wir, wenn ein Q in einer Transpositions-Chiffre vorkommt, es mit U und einem anderen Vokal verbinden müssen . Aus dieser einfachen Beziehung wurde der Schlüssel zu mehreren Transpositions-Chiffren gefunden.

TABELLE VII. — Normale Häufigkeitstabelle für militärische Befehle und Berichte, berechnet auf der Grundlage von 10.000 Buchstaben spanischen Textes. Die grafische Form basiert auf 200 Buchstaben.

	10.000 Briefe	200 Briefe	
A	1352	27	111111111111111111111111111
B	102	2	11
C	474	9	111111111
D	524	10	1111111111
E	1402	28	1111111111111111111111111111
F	91	2	11
G	137	3	111
H	102	2	11
ICH	606	12	111111111111
J	41	1	1
L	517	10	1111111111
M	300	6	111111
N	619	12	111111111111
Ö	818	16	1111111111111111
P	257	5	11111
Q	87	2	11

	10.000 Briefe	200 Briefe	
R	751	15	111111111111111
S	724	14	11111111111111
T	422	8	11111111
U	387	7	1111111
V	85	2	11
X	6		
Y	103	2	11
Z	42	1	1

In dieser Tabelle sind die Vokale AEIOU = 45,65 %; Konsonanten LNRST = 30,33 %; Konsonanten JKQXZ = 1,76 %.

Reihenfolge der Buchstaben:

EAORSNIDLCTUMPGY (BH) FQVZJX .

TABELLE VIII. — Häufigkeitstabelle von Digraphen, Dualen oder Paaren, spanischer Text. Wie Tabelle III basiert diese Tabelle auf 2.000 Briefen, obwohl sie aus einer Zählung von 20.000 Briefen erstellt wurde. Aus diesem Grund handelt es sich gewissermaßen um eine Annäherung; Das heißt, nur weil für bestimmte Kombinationen keine Zahlen angezeigt werden, sollten wir nicht davon ausgehen, dass solche Kombinationen nie vorkommen, sondern vielmehr, dass sie selten sind. Die Buchstaben in den horizontalen Linien oben und unten sind die Anfangsbuchstaben; die in den vertikalen Spalten an den Seiten sind die folgenden Buchstaben. So können wir davon ausgehen, dass wir in zweitausend Briefen AI zweimal und IA dreiundzwanzig Mal finden.

	A	B	C	D	E	F	G	H	ICH	J	L	M	N	Ö	P	Q	R	S	T	U	V	X	Y	Z	
A	9	4	19	11	5		6	17	23		54	18	9	3	20		29	11	21	8	6		2	5	A
B	6								3			1		4											B
C	24	6	6	24					5		3		8	8			9	5		2			2		C
D	31			29					3		19	13					10	9					4		D

	A	B	C	D	E	F	G	H	ICH	J	L	M	N	Ö	P	Q	R	S	T	U	V	X	Y	Z	
E	12	2	6	59	10		1	5	7		2	12	18	22	4	9	38	25	28	25	3		3		E
F	4				4						4		3					3					1		F
G	2				4				8				4											2	G
H	2		12		10												2						1		H
ICH	2		23	16		5	2				3	11	13				6	10	5		3				ICH
J	3			2									1												J
L	21	3	6		39	3	3		7		21	5	6				12	2			2				L
M	12				6			5			1	6	15				7	2		6			1		M
N	32			46	2		8						32							12		2			N
Ö		26	22	2	6	3	4	9			16	2	8			20	15	7	11						Ö
P	13			3					2		4	9	2	7			4	11							P
Q	11	5									1		2				3		1						Q
R	40			27	2		4				4			36	3		11		17	3					R
S	39			52					10				7	14		2			14			3			S
T	5			13			4				4		18	5			6	30							T
U	2	4	2	6	3	4			5		2	6		4	17		15	2					1		U
V	2			2							2			2				2				2			V
X																									X
Y	5			6										2				5		2		2			Y
Z	1			2										1			4			2					Z
	A	B	C	D	E	F	G	H	ICH	J	L	M	N	Ö	P	Q	R	S	T	U	V	X	Y	Z	

TABELLE IX. — Reihenfolge der zu erwartenden Häufigkeit gemeinsamer Paare bei einer Zählung von 2.000 Briefen spanischer Militärbefehle und -berichte. Basierend auf Tabelle VIII.

DE	59	AN	32	Wechselstrom	24

LA	54	ANZEIGE	31	EC	24
ES	52	ST	30	CI	23
DE	46	ED	29	IA	23
AR	40	RA	29	TUN	22
ALS	39	TE	28	NE	22
EL	39	ER	27	AL	21
RE	38	CO	26	LL	21
ODER	36	SE	25	PA	20
EIN	32	UE	25	PO	20

Alphabetische Häufigkeitstabellen

(Truesdell)

Häufigkeit des Vorkommens in 1.000 Buchstaben Text:

Brief	Französisch	Deutsch	Italienisch	Portugiesisch
A	80	52	117	140
B	6	18	6	6
C	33	31	45	34
D	40	51	31	40
E	197	173	126	142
F	9	21	10	12
G	7	42	17	10
H	6	41	6	10

Brief	Französisch	Deutsch	Italienisch	Portugiesisch
ICH	65	81	114	59
J	3	1	1	5
K	1	10	1	
L	49	28	72	32
M	31	20	30	46
N	79	120	66	48
Ö	57	28	93	110
P	32	8	30	28
Q	12	1	3	16
R	74	69	64	64
S	66	57	49	88
T	65	60	60	43
U	62	51	29	46
V	21	9	20	15
W	1	15		
X	3	1	1	1
Y	2	1	1	1
Z	1	14	12	4

Reihenfolge der Häufigkeit

Französisch

Deutsch

E N ICH R T S A D G H C L F M B W Z K V P J Q X Y

U   Ö

Italienisch

Portugiesisch

E A Ö S R ICH N M T D C L P Q V F G B J Z X Y

U   H

Grafische Häufigkeitstabellen

Häufigkeit des Vorkommens in 200 Textbuchstaben.

Französisch

A	16	1111111111111111
B	2	11
C	6	111111
D	10	1111111111
E	39	111111111111111111111111111111111111111
F	2	11
G	1	1
H	1	1
ICH	13	1111111111111

J	1	1
K		
L	10	1111111111
M	6	111111
N	16	1111111111111111
Ö	11	11111111111
P	6	111111
Q	2	11
R	15	111111111111111
S	13	1111111111111
T	13	1111111111111
U	12	111111111111
V	4	1111
W		
X	1	1
Y		
Z		

Italienisch

A	23	11111111111111111111111
B	1	1
C	9	111111111
D	6	111111
E	25	1111111111111111111111111

F	2	11
G	3	111
H	1	1
ICH	23	11111111111111111111111
L	14	11111111111111
M	6	111111
N	13	1111111111111
Ö	19	1111111111111111111
P	6	111111
Q		
R	13	1111111111111
S	10	1111111111
T	12	111111111111
U	6	111111
V	4	1111
X		
Y		
Z	2	11

Deutsch

A	10	1111111111
B	4	1111
C	6	111111

D	10	1111111111
E	32	11111111111111111111111111111111
F	4	1111
G	8	11111111
H	8	11111111
ICH	16	1111111111111111
J		
K	2	11
L	6	111111
M	4	1111
N	24	111111111111111111111111
Ö	6	111111
P	2	11
Q		
R	14	11111111111111
S	11	11111111111
T	12	111111111111
U	10	1111111111
V	2	11
W	3	111
X		
Y		
Z	3	111

Portugiesisch

A	28	1111111111111111111111111111
B	1	1
C	7	1111111
D	8	11111111
E	28	1111111111111111111111111111
F	2	11
G	2	11
H	2	11
ICH	12	111111111111
J	1	1
L	6	111111
M	9	111111111
N	10	1111111111
Ö	22	1111111111111111111111
P	6	111111
Q	3	111
R	13	1111111111111
S	18	111111111111111111
T	9	111111111
U	9	111111111
V	3	111
X		

Y		
Z	1	1

- 24 -

---

1 Seltenes Vorkommen, meist in Eigennamen. ↑

KAPITEL III

Technik der Chiffrierprüfung

laufenden Betrieb ist es wichtig, dass erfasste oder abgefangene Chiffriernachrichten mit möglichst geringer Verzögerung das Prüfamt erreichen. Der Nachrichtentext, der in einiger Entfernung vom Prüfungsamt erfasst wird, sollte per Telegraf oder Telefon an das Büro übermittelt werden, wobei die Originalnachrichten so bald wie möglich an das Büro weitergeleitet werden.

Die Präambel, „Ort von", Datum, Adresse und Unterschrift geben wichtige Hinweise auf die Sprache der Verschlüsselung, die wahrscheinlich verwendete Verschlüsselungsmethode und sogar den Gegenstand der Nachricht. Wenn die gesamte Telegrafie- oder Funknachricht verschlüsselt ist, ist es sehr wahrscheinlich, dass die Präambel, „Ort von" usw. in der Chiffre eines Betreibers vorliegen und sich vom Nachrichtentext unterscheiden. Da die Chiffren dieser Betreiber zwangsläufig einfach sind, sollte immer versucht werden, durch später dargelegte Analysemethoden den genauen Umfang der Chiffre des Betreibers herauszufinden und dann die damit verschlüsselten Teile der Nachrichten zu entschlüsseln.

In militärischen Botschaften finden wir fast immer die Sprache des Textes in der Sprache der Nation, der die Streitkräfte angehören. Die Sprache des Nachrichtentextes von Geheimagenten ist jedoch eine andere Sache, und im Umgang mit solchen Nachrichten sollten wir alle verfügbaren externen und internen Beweise heranziehen, bevor wir uns endgültig für die verwendete Sprache entscheiden. Wann immer eine Häufigkeitstabelle erstellt werden kann, liefert eine solche Tabelle den besten Beweis für diesen Zweck.

Alle Arbeiten zum Verschlüsseln und Entschlüsseln von Nachrichten sowie zum Kopieren von Chiffren sollten mit Großbuchstaben ausgeführt werden. Bei der Arbeit mit Großbuchstaben ist die Fehlerwahrscheinlichkeit deutlich geringer und mit ein wenig Übung geht es genauso schnell. Eine zusätzliche Sicherheit besteht darin, schwarze Tinte oder Bleistift für den Klartext und farbige Tinte oder Bleistift für die Chiffre zu verwenden. Bei Bedarf kann für den Schlüssel eine separate Farbe verwendet werden.

Das folgende leere Formular wird als praktisch für die Aufzeichnung einer zu prüfenden Chiffre empfohlen. Es sollte die Chiffre während des gesamten Prüfungsprozesses begleiten und bei Feststellung des Sachverhalts ausgefüllt werden. Dieses Protokoll, die ursprüngliche Chiffre und alle Notizen über die während der Prüfung durchgeführten Arbeiten sollten nach Abschluss der Prüfung zusammen archiviert werden, unabhängig davon, ob die Chiffre gelöst wurde oder nicht. Es kann sein, dass andere später gelöste Chiffren Hinweise auf die Lösung solcher ungelösten Chiffren geben.

mit den Daten des Offiziers ausgefüllt werden, der die Chiffre vom Feind erhalten hat. In einer allgemeinen Anordnung, die die Wichtigkeit der unverzüglichen Weiterleitung erfasster oder abgefangener Chiffren an ein Prüfamt hervorhebt, könnte festgelegt werden, dass mit jeder Chiffre ein kurzer Bericht mit diesen Daten weitergeleitet werden sollte.

Die zweite Spalte des Formulars sollte im Laufe der Arbeit nach und nach ausgefüllt werden. Bei der Büronummer sollte es sich um eine fortlaufende Nummer handeln, wobei die erste geprüfte Chiffre Nr. 1 sein sollte. Das Datum und die Uhrzeit des Eingangs beim Prüfungsbüro dienen als Nachweis für die für die Übermittlung vom Erfassungsort erforderliche Zeit. Die Leerzeichen „Von " , „At", „Bis", „At", „Datum" dienen der Information über Absender und Adressat der Chiffre und sind aus der Nachricht zu entnehmen. Falls eine Betreiberchiffre verwendet wurde, müssen diese Teile der Nachricht entschlüsselt werden, bevor die Lücken ausgefüllt werden können.

Geheimdienstabteilung, Generalstab

1. Feldarmee

Place,   Date

Record of Cipher Examination

This cipher obtained by   Office No. ....

.... Received ....

at ....
                                                                                                    (Date)   (Hour)

.... From ....

on .... At ....

.... To ....
                          (date)   (hour)
                                                                         At ....

How being transmitted when obtained. (Underscore means used and enter data on
sending and receiving stations).   Date ....

                                                                         Probable language of text ....

              Sending Station   Receiving Station
                                                                                       Transposition ....
Radio
Telephone   Class
Telegraph   Substitution ....
Buzzer
Helio
Lantern   Case ....
Flag
Cyclist   from   to   Remarks:
Foot Messenger   "   "
Mtd. Messenger   "   "   Solution completed

How obtained. (Underscore means used). Captured before delivery to addressee.
Captured after delivery to addressee. Intercepted, not received by addressee. Copied, but   (date)   (hour)
received by addressee.   Language of text ....

                                                                         Key, (if determined) ....
Remarks:

                                                                         Type   File No. ....

                                                                                       Examiner.

Die wahrscheinliche Sprache des Textes wird aus den vorstehenden Daten
und gegebenenfalls aus internen Beweisen abgeleitet. Daher ist eine Chiffre
aus einer mexikanischen Quelle, die weder K noch W enthält, wahrscheinlich
auf Spanisch.

Die Klasse und der Fall werden durch die später festgelegten Regeln
bestimmt. Der Platz für Bemerkungen dient der Notation etwaiger
Besonderheiten. Wenn die Lösung abgeschlossen ist, werden Datum und
Uhrzeit notiert, die Textsprache und der Schlüssel (falls festgelegt) sowie eine
Typnummer eingegeben, um sie mit anderen Chiffren zu identifizieren, die
mit derselben Methode (aber nicht unbedingt mit demselben Schlüssel)
erstellt wurden. wird ihm gegeben. Das Aktenzeichen dient der
Vereinfachung der Ablage und der Erstellung einer Kartei.

Der Untersuchungsprozess in einem Büro mit einem Prüfer, einem
Stenographen und einem Sachbearbeiter könnte wie folgt ablaufen: Nach

Erhalt eines erbeuteten Chiffrierschreibens mit dazugehörigem Bericht fertigt der Stenograf vier Kopien des Chiffrierschreibens auf der Schreibmaschine an. Anschließend kontrollieren Sachbearbeiter und Stenograph die Arbeit. Anschließend füllt der Stenograph die erste Spalte und die ersten beiden Zeilen der zweiten Spalte des Protokolls aus dem Bericht des festnehmenden Beamten aus und behält dabei die Originalchiffre und zwei Kopien des Protokolls bei. Er darf auch die ersten sieben Zeilen der zweiten Spalte ausfüllen, wenn diese Daten auf der erfassten Chiffre im Klartext vorliegen. In der Zwischenzeit zählt und notiert der Sachbearbeiter die Gesamtzahl der Buchstaben der Chiffre und das Vorkommen von AEIOU , LNRST und JKQXZ , während der Prüfer die Chiffre nach möglichen wiederkehrenden Buchstabengruppen durchsucht und diese, wenn sie gefunden werden, unterstreicht.

Nach Abschluss dieser Arbeit ist der Prüfungsbeamte normalerweise in der Lage, über die Klasse der Chiffre zu entscheiden, und er hat bei seiner Prüfung möglicherweise etwas gefunden, das ihn zu dem Fall unter dieser Klasse führt. Der Sachbearbeiter sollte bei dieser vorläufigen Zählung das Gesamtaufkommen jedes der fünfzehn Scheckbriefe und nicht die der drei oben genannten Gruppen im Auge behalten. Dies dauert etwas länger, aber wenn dies erledigt ist, sind die Daten für fünfzehn Buchstaben des Alphabets für eine Häufigkeitstabelle vollständig, so dass nur noch elf weitere Buchstaben übrig bleiben, und auf Spanisch sogar neun, die gezählt werden müssen, falls es notwendig ist, eine Häufigkeit vorzubereiten Tisch.

Wenn der Prüfer entscheidet, dass die Chiffre der Transpositionsklasse angehört, ist keine weitere Arbeit mit Häufigkeitstabellen erforderlich. Der Sachbearbeiter sollte damit fortfahren, die Anzahl der Vokale in jeder Zeile und Spalte zu zählen und zu notieren, und der Untersuchungsbeamte sollte nach Vorkommen des Buchstabens Q suchen und versuchen, ihn mit U und einem anderen Vokal zu verbinden . Der Stenograph kann damit beauftragt werden, die Chiffre in Rechtecke mit unterschiedlichen Abmessungen zu unterteilen. Die Arbeit des Sachbearbeiters liefert Daten für eine mögliche Neuordnung, denn wenn die Vokale an irgendeiner Stelle stark aus dem Verhältnis geraten, müssen sie als erster Schritt der Neuordnung mit dem richtigen Verhältnis der Konsonanten verbunden werden. Die Arbeit mit Transpositions- Chiffren muss zwangsläufig einen Großteil der Fit-and-Try-Methode beinhalten. Auf die Einzelheiten dieser Arbeit wird später eingegangen.

Wenn es sich bei einer Chiffre um eine Ersatzchiffre zu handeln scheint, sollte der Untersuchungsbeamte die Häufigkeit des Vorkommens jedes der fünfzehn gezählten Buchstaben überprüfen. Wenn einige Buchstaben (es spielt derzeit keine Rolle, welche) viel häufiger vorkommen als andere und einige selten oder gar nicht vorkommen, können wir uns getrost für Fall 4 ,

5 oder 6 entscheiden und den Sachbearbeiter mit der Fertigstellung der Häufigkeitstabelle fortfahren lassen für die Nachricht. Wenn andererseits alle fünfzehn untersuchten Buchstaben annähernd gleich häufig vorkommen – zum Beispiel, dass der häufigste Buchstabe nicht mehr als drei- oder viermal so häufig vorkommt wie der am wenigsten häufige Buchstabe –, können wir die ersten drei Fälle sofort eliminieren und lassen Sie den Sachbearbeiter damit fortfahren, die Chiffre auf wiederkehrende Paare und Gruppen zu untersuchen und dabei die dazwischen liegenden Buchstaben zu zählen, damit der Prüfbeamte entscheiden kann, ob Fall 7 oder ein komplizierterer Fall gewählt werden sollte.

Wenn etwas Komplizierteres als Fall 7 verwendet wurde und andere Chiffren zur Prüfung vorliegen, sollte die Chiffre in die ungelöste Akte aufgenommen werden, um dort bearbeitet zu werden, sofern andere Arbeiten dies zulassen, es sei denn, der Inhalt der Chiffre wird als sehr wichtig erachtet. Jede Gelegenheit sollte genutzt werden, um die ungelöste Datei zu bereinigen, und wenn eine Nachricht gelöst wird, sollten die Methoden ggf. für alles, was in der Datei verbleibt, ausprobiert werden.

Die ersten Tage oder Wochen nach der Einrichtung eines Prüfungsamtes werden die anstrengendste Zeit sein. Wenn sich gelöste Chiffren häufen, werden die Methoden des Feindes immer offensichtlicher und es wird oft möglich sein, die Methode anhand der Kenntnis des Namens des Absenders und Empfängers zu bestimmen.

Wenn eine Chiffre gelöst wurde, sollte die Lösung in dreifacher Ausfertigung vorbereitet und mit der Seriennummer der Chiffre versehen werden. Alle Teile, die aufgrund von Verschlüsselungs- oder Übertragungsfehlern nicht klar sind, sollten unterstrichen oder auf andere Weise auffällig gemacht werden, damit der Leiter der Geheimdienstabteilung sie bemerken und möglicherweise aus anderen Quellen den Mangel beheben kann.

Eine der Kopien der Chiffre und des Untersuchungsberichts mit einer Kopie der Lösung sollte sofort dem Leiter der Geheimdienstabteilung oder dem Stabschef übergeben werden. Die anderen Kopien der Lösung sollten zusammen mit der Originalchiffre, dem Untersuchungsbericht und allen an der Chiffre durchgeführten Arbeiten abgelegt werden.

In regelmäßigen Abständen, beispielsweise einmal pro Woche oder sogar täglich zu Beginn aktiver Operationen, sollte zwischen allen Prüfstellen ein Austausch gelöster Meldungen über neue vom Feind angewandte Methoden stattfinden. Alle Prüfungsämter bleiben somit im Kontakt. Eventuell ist es auch möglich, jedem Prüfungsamt bestimmte feindliche Radiosender zuzuordnen, um Doppelarbeit zu vermeiden.

KAPITEL IV

Klassen von Chiffren

gibt im Allgemeinen zwei Klassen von Chiffren. Dies sind die Transpositions-Chiffre und die Substitutions-Chiffre.

Substitutions-Chiffren können aus ersetzten Buchstaben, Ziffern, konventionellen Zeichen oder Kombinationen aller drei bestehen; und außerdem kann ein einzelner Buchstabe des Originaltextes durch einen einzelnen Buchstaben, eine Zahl oder ein einzelnes Zeichen oder zwei oder mehr davon oder ein ganzes Wort oder eine Gruppe von Zahlen, eine Kombination konventioneller Zeichen oder Kombinationen aller drei davon ersetzt werden Elemente. Daher können Substitutions-Chiffren von extremer Einfachheit bis hin zu solchen variieren, deren Kompliziertheit sich jeder gewöhnlichen Analysemethode widersetzt und deren Lösung den Besitz langer Nachrichten sowie viel Zeit und Studium erfordert. Glücklicherweise werden die schwierigeren Ersatzchiffren aufgrund des Zeitaufwands und der Sorgfalt, die für die Verschlüsselung und Entschlüsselung erforderlich sind, selten für militärische Zwecke verwendet.

Transpositions-Chiffren sind auf die Zeichen des Originaltextes beschränkt. Diese Zeichen werden einzeln nach einer vorgegebenen Methode oder einem vorgegebenen Schlüssel neu angeordnet (monoliterale Transposition), oder ganze Wörter werden auf ähnliche Weise neu angeordnet (Routenverschlüsselung).

Es kann auch eine Kombination von Transpositions- und Substitutionsmethoden bei der Verschlüsselung einer Nachricht geben, aber in diesem Fall fällt sie bei der ersten Bestimmung in die Substitutionsklasse und muss nach der Lösung als Substitutions-Chiffre als Transpositions-Chiffre behandelt werden. Beispiele für diesen Fall werden gegeben.

Möglicherweise finden wir auch Transpositions- oder Substitutionsmethoden, die auf Wörter aus einem Codebuch oder auf Zahlen angewendet werden, die diese Wörter darstellen. Somit verschmelzen Verschlüsselungsmethoden mit der Codearbeit, denn ein Code ist schließlich nur eine spezialisierte Substitutionsverschlüsselung.

Wir können nun die Regeln festlegen, um zu bestimmen, ob eine gegebene Chiffre zur Substitutionsklasse oder zur Transpositionsklasse gehört.

Zählen Sie die Anzahl der Buchstaben in der Nachricht, die Anzahl der Vokale AEIOU , die Anzahl der Konsonanten LNRST und die Anzahl der Konsonanten JKQXZ .

Wenn der Text englisch ist und die Chiffre eine Transpositions-Chiffre ist, gilt dieses Verhältnis; Vokale AEIOU machen 40 % des Ganzen aus; Konsonanten LNRST , 30 % und Konsonanten JKQXZ , 3 %.

Wenn der Text spanisch ist, betragen die Proportionen für eine Transpositions-Chiffre: Vokale AEIOU 45 %, Konsonanten LNRST 30 %; Konsonanten JKQXZ , 2%.

Wenn diese Anteile auf die eine oder andere Weise nicht innerhalb von 5 % liegen, handelt es sich bei der Chiffre sicherlich um eine Substitutions-Chiffre. Beachten Sie jedoch , dass das Ende einer Nachricht oft mit Buchstaben wie K , Wenn die Chiffre lang ist, kann diese Bestimmung außerdem sicher durchgeführt werden, indem 100 oder 200 aufeinanderfolgende Buchstaben der Nachricht genommen werden, entweder vom Anfang oder, wenn Nullen am Anfang vermutet werden, aus dem Inneren der Nachricht.

Die Unterscheidung zwischen der Routenchiffre (Transposition) und der Substitutionschiffre, bei der ganze Wörter durch Buchstaben des Originaltextes ersetzt werden, muss auf der Grundlage der tatsächlich verwendeten Wörter erfolgen. Es ist besser, eine solche Nachricht als Routenchiffre zu betrachten, wenn die verwendeten Wörter scheinbar eine zusammenhängende Bedeutung für die jeweilige Situation haben. Eine Ersatzchiffre dieser Art würde nur zur Übertragung einer kurzen Nachricht von großer Bedeutung und Geheimhaltung verwendet, und dann besteht die Möglichkeit, dass bestimmte Wörter, die A , E , N , O und T entsprechen , mit einer solchen Häufigkeit auftauchen, dass sie darauf hinweisen einmal darauf, dass eine Substitutions-Chiffre verwendet wurde. Achten Sie auf die Anfangs- oder Endbuchstaben in einer solchen Chiffre; sie können die Nachricht buchstabieren.

Im Allgemeinen kann die Bestimmung der Klasse anhand des Anteils von Vokalen, häufigen Konsonanten und seltenen Konsonanten sicher befolgt werden. Wir werden nun mit der Untersuchung der häufigeren Varianten jeder Chiffrierklasse fortfahren.

KAPITEL V

Untersuchung von Transpositions-Chiffren

entschieden wurde, dass eine Chiffre zur Transpositionsklasse gehört, muss noch über die Art der verwendeten Chiffre entschieden werden. Da eine Transpositions-Chiffre per Definition ausschließlich aus Zeichen der ursprünglichen Nachricht besteht, die nach einem bestimmten Gesetz neu angeordnet werden, können wir im Allgemeinen sagen, dass eine solche Chiffre weniger Schwierigkeiten bei der Lösung bietet als eine Substitutions-Chiffre. Eine Transpositions-Chiffre ist wie ein Bilderrätsel; Die Teile sind alle vorhanden und die Lösung liegt lediglich in der richtigen Anordnung.

FALL 1. – Geometrische Chiffren. In diesen Fall fallen alle Chiffren, bei denen eine bestimmte Anzahl von Zeichen so gewählt wird, dass sie ein Quadrat oder Rechteck mit vorgegebenen Abmessungen bilden; und dann werden diese Zeichen nach einem geometrischen Muster angeordnet.

Die Botschaft aufgreifen:

ABCDEFGHIJKLMNOPQRSTU VWX

aus vierundzwanzig Buchstaben und unter der Annahme eines Rechtecks mit sechs Buchstaben horizontal und vier Buchstaben vertikal, können wir Folgendes haben:

(*a*) *Einfache Horizontale* :

ABCDEF	FEDCBA	STUVWX	XWVUTS
GHIJKL	LKJIHG	MNOPQR	RQPONM
MNOPQR	RQPONM	GHIJKL	LKJIHG
STUVWX	XWVUTS	ABCDEF	FEDCBA

(*b*) *Einfache Vertikale* :

AEIMQU	DHLPTX	UQMIEA	XTPLHD
BFJNRV	CGKOSW	VRNJFB	WSOKGC
CGKOSW	BFJNRV	WSOKGC	VRNJFB
DHLPTX	AEIMQU	XTPLHD	UQMIEA

(*c*) *Alternative Horizontale* :

ABCDEF	FEDCBA	XWVUTS	STUVWX
LKJIHG	GHIJKL	MNOPQR	RQPONM
MNOPQR	RQPONM	LKJIHG	GHIJKL
XWVUTS	STUVWX	ABCDEF	FEDCBA

(*d*) *Alternative Vertikale* :

AHIPQX	DELMTU	XQPIHA	UTMLED
BGJORW	CFKNSV	WROJGB	VSNKFC
CFKNSV	BGJORW	VSNKFC	WROJGB
DELMTU	AHIPQX	UTMLED	XQPIHA

(*e*) *Einfache Diagonale* :

ABDGKO	GKOSVX	OKGDBA	XVSOKG
CEHLPS	DHLPTW	SPLHEC	WTPLHD
FIMQTV	BEIMQU	VTQMIF	UQMIEB
JNRUWX	ACFJNR	XWURNJ	RNJFCA
ACFJNR	JNRUWX	RNJFCA	XWURNJ
BEIMQU	FIMQTV	UQMIEB	VTQMIF
DHLPTW	CEHLPS	WTPLHD	SPLHEC
GKOSVX	ABDGKO	XVSOKG	OKGDBA

(*f*) *Alternative Diagonale* :

ABFGNO	GNOUVX	ONGFBA	XVUONG
CEHMPU	FHMPTW	UPMHEC	WTPMHF

| DILQTV | BEILQS | VTQLID | SQLIEB |
| JKRSWX | ACDJKR | XWSRKJ | RKJDCA |

ACDJKR	JKRSWX	RKJDCA	XWSRKJ
BEILQS	DILQTV	SQLIEB	VTQLID
FHMPTW	CEHMPU	WTPMHF	UPMHEC
GNOUVX	ABFGNO	XVUONG	ONGFBA

(*g*) *Spirale im Uhrzeigersinn* :

ABCDEF	LMNOPA	IJKLMN	DEFGHI
PQRSTG	KVWXQB	HUVWXO	CRSTUJ
OXWVUH	JUTSRC	GTSRQP	BQXWVK
NMLKJI	IHGFED	FEDCBA	APONML

(*h*) *Spirale, gegen den Uhrzeigersinn* :

APONML	NMLKJI	IHGFED	FEDCBA
BQXWVK	OXWVUH	JUTSRC	GTSRQP
CRSTUJ	PQRSTG	KVWXQB	HUVWXO
DEFGHI	ABCDEF	LMNOPA	IJKLMN

Es ist lediglich eine Frage der Inspektion, eine Nachricht in einer solchen Chiffre zu lesen, nachdem die Abmessungen der Rechtecke bestimmt wurden. Wir legen die Nachricht ganz oder teilweise in solche Rechtecke und lesen sie horizontal, vertikal und diagonal vorwärts und rückwärts. Teile von Wörtern werden sofort sichtbar und die gesamte Botschaft ist bald entschlüsselt. Zwei Beispiele sollen den Prozess veranschaulichen.

Nachricht

ILVGIOIAEITSRNMANHMMNG

Diese Nachricht enthält acht Vokale oder 38 % von einundzwanzig Buchstaben, und die Buchstaben LNRST kommen siebenmal oder 33 % vor, die Buchstaben XQJKZ kommen nicht vor. Es handelt sich also um eine Transpositions-Chiffre. Einundzwanzig Buchstaben deuten sofort auf sieben

Spalten mit jeweils drei Buchstaben oder drei Spalten mit jeweils sieben Buchstaben hin. Beim ersten Versuch haben wir:

ILVGIOI

AEITSRN

MANHMNG

und wenn man jede Spalte nacheinander durchliest (Fall 1-b), lautet die Botschaft: „Ich gehe heute Morgen."

Nachricht

MSIBR	ORSE E	VUE E M	CORER	ELIDE	TOEPQ
ENRER	NSERY	ECOL L	EREUS	PLURC	ELOAJ
AEHUH	PFASO	N N OA A	EPIUA	P P EAC	UQARU
OPOEI	IR R MI	AFDA A	RQUBO	ZAEGE	RSFSX

Diese Nachricht enthält 120 Buchstaben mit 57 Vokalen oder 47 % Vokalen, und die Buchstaben LNRST kommen 31 Mal oder 26 % der Gesamtzahl vor.

Das Fehlen von K und W sowie der Vokalproportionen führt uns zu der Annahme, dass es sich um eine Transpositionschiffre eines spanischen Textes handelt. Die Faktoren von 120 sind $5 \times 3 \times 2 \times 2 \times 2$. Wir können dann ein Rechteck von 4×30 oder eines von 5×24 oder zwei von 5×12 oder drei von 5×8 oder vier von $5 \times$ haben 6 oder fünf von 3×8 oder zehn von 3×4 oder zwanzig von 3×2. Da sich die Nachricht in einem Rechteck von 4×30 befindet, können wir sie so betrachten, wie sie ist, und dies ist eindeutig nicht die Anordnung, wenn sie vorhanden ist überhaupt eine geometrische Transpositions-Chiffre sein. Es ist jedoch am besten, zuerst die größtmöglichen Rechtecke auszuprobieren, also setzen wir es in die Form 5 $\times$ 24, also:

M	S	ICH	B	R	Ö	R	S	E	E	V	U	E	E	M	C	Ö	R	E	R	E	L	ICH	D
E	T	Ö	E	P	Q	E	N	R	E	R	N	S	E	R	Y	E	C	Ö	L	L	E	R	E
U	S	P	L	U	R	C	E	L	Ö	A	J	A	E	H	U	H	P	F	A	S	Ö	N	N
Ö	A	A	E	P	ICH	U	A	P	P	E	A	C	U	Q	A	R	U	Ö	P	Ö	E	ICH	ICH

Hier zeigt eine Inspektion, dass es sich um Fall <u>1-f handelt, alternative Diagonale, und dass der Text</u> „ ME SITUO SOBRE PARRAL PORQUE ME PRESENCIA FUE REVELADA POR U " lautet ; Hier bricht der Sinn ab, aber beachten Sie, dass U der zwölfte Buchstabe der Zeile ist, und fahren Sie fort, als ob das Rechteck 5 × 12 wäre und wir „ NA PAREJA QU " hätten. Untersuchen Sie nun das zweite Rechteck von 5 × 12 auf die gleiche Weise und der Sinn geht weiter: „ E SE ME ACERCO Y HUBO QUE RECHAZAR POR EL FUEGO ALLI ESRERO ORDENES FINISX ".

Die praktische Art, eine Chiffre dieser Art zu untersuchen, besteht darin, dass mehrere Männer Rechtecke unterschiedlicher Größe vorbereiten und dabei die Buchstaben der Chiffre in der erhaltenen Reihenfolge verwenden. Die Rechtecke können nach der Vorbereitung sehr schnell überprüft werden. Beachten Sie, dass die Abmessungen eines Rechtecks selten mehr als fünfzig Buchstaben enthalten, da ein Rechteck mit Nullen gefüllt werden muss, wenn die Anzahl der Buchstaben der Nachricht nur geringfügig größer als ein Vielfaches des Rechtecks ist . Auch große Rechtecke ergeben mit Ausnahme der Diagonalmethode ganze Wörter in einer Zeile oder Spalte, die leicht zu notieren sind.

Unter Fall 1 fallen folgende Chiffren:

FALL 1-i. – Die Schienenzaun-Chiffre, nützlich als Operator-Chiffre, lässt jedoch keine Variation zu und kann daher fast genauso leicht gelesen werden wie reiner Text, wenn die Methode bekannt ist. Die Nachricht:

Die feindselige Kavallerie ist in den Ruhestand gegangen

ist geschrieben:

OTLCVLYARTRD

HSIE A EIN RHSEIE

und wird gesendet:

OTLCV LYART RDHSI EAARH SEIEX

FALL 1-j.

Nachricht

S S OHS TPFOR IE E AE

TQNET	FAIXE	GLFDR
AULRN	OSRXL	HATRO

Um diese Chiffre zu lösen, lesen Sie die Spalten in dieser Reihenfolge ab: 8, 1, 15, 2, 14, 3, 13, 4, 12 usw. Eine Variante besteht darin, die Chiffre so anzuordnen, dass die Spalten nach oben gelesen werden. Eine andere Möglichkeit besteht darin, die Chiffren so anzuordnen, dass die Spalten abwechselnd nach oben und unten gelesen werden. Die Faktoren der Buchstabenanzahl ergeben in diesem Fall wie üblich die Form des Rechtecks.

Es ist ersichtlich, dass es eine große Anzahl möglicher Transpositions-Chiffren gibt, die unter Fall 1 fallen, aber praktisch alle von ihnen sind aus militärischer Sicht nutzlos, da sie nicht von einem Schlüssel abhängen, der leicht und häufig geändert werden kann. Solche Chiffren tauchen jedoch immer wieder bei der Chiffrierprüfung auf und werden für die spezielle Kommunikation zwischen Parteien verwendet, denen die regulären militärischen Chiffren für zu kompliziert sind. Daher wurden einige dieser Hilfsmittel genutzt.

UMGEKEHRTES SCHREIBEN. — (Sonderfall von Fall 1-a).

LEAVING TONIGHT wird als THGINOT GNIVAEL verschlüsselt oder kann durch Wörter umgekehrt werden, also GNIVAEL THGINOT , oder durch Gruppen von fünf Buchstaben, also IVAEL NOTGN XTHGI .

VERTIKALES SCHREIBEN. — (Sonderfall von Fall 1-b). Dieselbe Nachricht ist verschlüsselt,

LT

EO

EIN

VI   und wird gesendet, LTEOA NVIIG NHGTX .

ICH G

NH

GT

FALL 2. – Dieser Fall umfasst alle Transpositions-Chiffren, bei denen Zeilen und Spalten des Textes entsprechend einem Schlüsselwort oder einer Schlüsselnummer neu angeordnet werden. Es gibt viele Varianten dieses

Falles, aber ihre Lösung wird normalerweise durch die für Fall 1 vorgeschlagenen Methoden erreicht, d. h. die Anordnung in geeigneten Rechtecken und die Untersuchung von Zeilen und Spalten auf Wörter oder Silben. Es folgt eine Neuanordnung von Spalten oder Zeilen, bis die Lösung vollständig ist.

FALL 2-a.

Nachricht

HIIGF	TNGHI	NTCVN	IEIOT	CYIFY	LHAEA	ESNBA	EEEEN
RWGBN	YDELR	OAESG	RNEBO	VNLDA	ICAOA	LCNDT	IRGVA
CDOIE	SEREC	DVPEI	AFIFL	RINEH	ETT		

Diese Nachricht enthält 108 Buchstaben und die Untersuchung zeigt, dass es sich um eine Transpositions-Chiffre handelt, einen englischen Text. Die Anzahl der Buchstaben, 108, lässt sofort auf ein Rechteck aus 12 × 9 oder 9 × 12 Buchstaben schließen. In diese Form gebracht haben wir:

	Vokale			*Vokale*
Hallo, ich GFTNGHINT	3		Hallo, ich GFTNGH	2
CVNIEIOTCYIF	5		INTCVNIEI	4
YLHAEAESNBAE	6		OTCYIFYLH	2
E E E NRWGBNYDE	4		AEAESNBAE	6
LROAESGRNEBO	5		E E E NRWGBN	3
VNLDAICAOALC	5		YDELROAES	4
NDTIRGVACDOI	4		GRNEBOVNL	2
ESERECDVPEI A	6		DAICAOALC	5
FIFLRINEHET T	4		NDTIRGVAC	2
			DOIESEREC	5
			DVPEI A FIF	4
			LRINEHET T	3

Die Vokalanzahl der Zeilen zeigt, dass die erste Anordnung wahrscheinlicher ist. Wir werden nun die Spalten nummerieren und versuchen, bestimmte Paare zu bilden, die in keiner Zeile unmögliche Buchstabenkombinationen ergeben würden.

1	2	3	4	5	6	7	8	9	10	11	12
H	ICH	ICH	G	F	T	N	G	H	ICH	N	T
C	V	N	ICH	E	ICH	Ö	T	C	Y	ICH	F
Y	L	H	A	E	A	E	S	N	B	A	E
E	E	E	N	R	W	G	B	N	Y	D	E
L	R	Ö	A	E	S	G	R	N	E	B	Ö
V	N	L	D	A	ICH	C	A	Ö	A	L	C
N	D	T	ICH	R	G	V	A	C	D	Ö	ICH
E	S	E	R	E	C	D	V	P	E	ICH	A
F	ICH	F	L	R	ICH	N	E	H	E	T	T

Diese Kombinationen kommen unter anderem vor:

1	6	2	4	5	2
H	T	ICH	G	F	ICH
C	ICH	V	ICH	E	V
Y	A	L	A	E	L
E	W	E	N	R	E
L	S	R	A	E	R
V	ICH	N	D	A	N
N	G	D	ICH	R	D
E	C	S	R	E	S

1	6	2	4	5	2
F	ICH	ICH	L	R	ICH

Das Wort FIGHT starrt uns von der ersten Zeile an an; Ordnen wir die Spalten folgendermaßen an:

5	2	4	1	6	3
F	ICH	G	H	T	ICH
E	V	ICH	C	ICH	N
E	L	A	Y	A	H
R	E	N	E	W	E
E	R	A	L	S	Ö
A	N	D	V	ICH	L
R	D	ICH	N	G	T
E	S	R	E	C	E
R	ICH	L	F	ICH	F

Wir haben die Wörter FIGHTI(NG) , VICIN(ITY) , RENEWE(D) , ANDVIL(LA) , RDINGT(O) , RECE(IVED) . Um damit fortzufahren, müssen wir Spalte 11 als nächste auswählen und dann in der Reihenfolge die Spalten 8, 10, 7, 12, 9. Beachten Sie jedoch, dass die Reihenfolge 11, 8, 10, 7, 12, 9 die ist Identisch mit der Reihenfolge 5, 2, 4, 1, 6, 3. Die Nachricht wurde in zwölf Spalten geschrieben und die Spalten wurden in dieser Reihenfolge vertauscht. Wir können über das verwendete Schlüsselwort spekulieren, auch wenn es völlig unnötig ist. Das war es wahrscheinlich

MEXIKO

4 2 6 3 1 5

Das bedeutet, dass die 4. Spalte des Klartextes bei der Verschlüsselung übertragen wurde, sodass sie unsere 1. wurde, die 2. Spalte blieb die 2.; Die 6. Spalte wurde zu unserer 3. Spalte usw.

Tatsächlich wurde diese Chiffre gelöst, weil das Wort VILLA vermutet wurde und alle notwendigen Buchstaben in Zeile sechs der Anordnung in zwölf

Spalten gefunden wurden. Die Reihenfolge 1, 6, 3, 11, 8 wurde ausprobiert und ergab dieses Ergebnis.

1	6	3	11	8
H	T	ICH	N	G
C	ICH	N	ICH	T
Y	A	H	A	S
E	W	E	D	B
L	S	Ö	B	R
V	ICH	L	L	A
N	G	T	Ö	A
E	C	E	ICH	V
F	ICH	F	T	E

Der Rest der Lösung folgte den bereits festgelegten Linien und bereitete angesichts der großen Anzahl verbundener Silben natürlich keine Schwierigkeiten.

FALL 2-b.

Nachricht

SLCOF	WEETN	EBRDO	ORVYM	FFEDI
NMTEC	ROIAR	PERHO	ESETS	RFBHL
TENAH	OPTAU	SOMTL	RTETT	ASCBH
NIODC	RENEN	AAPRD	LACYE	ECIIE

SGUFN

Dies ist eine Transpositions-Chiffre, englischer Text, und enthält 105 Buchstaben. Die Faktoren von 105 sind $5 \times 3 \times 7$, sodass wir die folgenden Rechtecke untersuchen müssen; 5×21, 15×7, drei von 5×7, fünf von 3×7 und sieben von 5×3.

	21 × 5	*Vokale*	5 × 21	*Vokale*

	S	L	C	Ö	F	W	E	E	T	N	E	B	R	D	Ö	Ö	R	V	Y	M	F	6
	F	E	D	ICH	N	M	T	E	C	R	Ö	ICH	A	R	P	E	R	H	Ö	E	S	9
	E	T	S	R	F	B	H	L	T	E	N	A	H	Ö	P	T	A	U	S	Ö	M	7
	T	L	R	T	E	T	T	A	S	C	B	H	N	ICH	Ö	D	C	R	E	N	E	6
	N	A	A	P	R	D	L	A	C	Y	E	E	C	ICH	ICH	E	S	G	U	F	N	9
Vokale	1	2	1	2	1	0	1	4	0	1	3	3	1	3	3	3	1	1	3	2	1	

Die Vokalanzahl der Spalten des Rechtecks 5 × 21 ist sehr zufriedenstellend. Betrachten wir es als drei Blöcke zu je 5 × 7, da wir dies letztendlich tun und eine Vokalzählung der Spalten für diese Blöcke vornehmen müssen.

S	L	C	Ö	F	1
W	E	E	T	N	2
E	B	R	D	Ö	2
Ö	R	V	Y	M	1
F	F	E	D	ICH	2
N	M	T	E	C	1
R	Ö	ICH	A	R	3
P	E	R	H	Ö	2
E	S	E	T	S	2
R	F	B	H	L	0
T	E	N	A	H	2
Ö	P	T	A	U	3
S	Ö	M	T	L	1
R	T	E	T	T	1
A	S	C	B	H	1
N	ICH	Ö	D	C	2
R	E	N	E	N	2
A	A	P	R	D	2
L	A	C	Y	E	2
E	C	ICH	ICH	E	4
S	G	U	F	N	1
Vokale	7	9	8	7	6

	Spalte				
	1	2	3	4	5
Vokale, 1. Block	2	2	3	2	2
Vokale, 2. Block	2	3	2	2	2
Vokale, 3D-Block	3	4	3	2	2

Das ist auch hervorragend, also werden wir drei Blöcke 5 × 7 ausprobieren und sehen, ob die Neuanordnung der *horizontalen Linien* zu Ergebnissen führt, wenn die Spalten vertikal gelesen werden.

1	SLCOF	PERHO	ASCBH
2	WIR E TN	ESETS	NIODC
3	EBRDO	RFBHL	RENEN
4	ORVYM	TENAH	A A PRD
5	F F EDI	OPTAU	LACYE
6	NMTEC	SOMTL	ECI I E
7	ROI A R	RTET T	SGUFN

Weitere Kombinationen sind:

3	EBRDO	RFBHL	RENEN
2	WIR E TN	ESETS	NIODC
1	SLCOF	PERHO	ASCBH
5	F F EDI	OPTAU	LACYE
7	ROI A R	RTET T	SGUFN

Das Hinzufügen von Zeile 6 über Zeile 3 und Zeile 4 unter Zeile 7 vervollständigt diese Chiffre. Die aufeinanderfolgenden Spalten sollten nach unten gelesen werden.

FALL 2-c. In diesem Fall werden sowohl Zeilen als auch Spalten anhand eines oder mehrerer Schlüsselwörter neu angeordnet. Die Lösungsmethode ist dieselbe wie in den Fällen 2-a und 2-b, außer dass die Zeilen neu angeordnet werden müssen, nachdem die Spalten korrekt angeordnet wurden, oder in einigen Fällen umgekehrt. Diese Chiffre findet nicht selten Anwendung, weil sie durch die Verwendung zweier Schlüsselwörter und durch die große, aber nur scheinbare Komplexität der Methode Sicherheit zu bieten scheint.

Nachricht

WVGAE   EGENL   TFTOH   TEIEF   RBTSE

INENG   ONWRM   GXIXN   GOITN   ROMRO

ESPAL   HNEAC   UDNNH   DERME

Dies ist eine Transpositions-Chiffre, englischer Text und die Anzahl der Buchstaben, 70, führt uns dazu, Rechtecke von 10 × 7 und 7 × 10 auszuprobieren.

	Vokale		*Vokale*
WVGAE E GENL	4	WVGAE E G	3
TFTOHTEIEF	3	ENLTFTO	2
RBTSEINENG	3	HTEIEFR	3
ONWRMGXIXN	2	BTSEINE	3
GOITNROMRO	4	NGONWRM	1
ESPALHNEAC	4	GXIXNGO	2
UDN N HDERME	3	ITNROMR	2
		ÖSPALH	3
		NEACUDN	3
		NHDERME	2

Die erste Form sieht aufgrund der Vokalanzahl wahrscheinlicher aus. Wir nummerieren die Spalten und Zeilen und versuchen, die Spalten neu anzuordnen, um aus jeder Zeile mögliche Buchstabenkombinationen zu erhalten.

	1	2	3	4	5	6	7	8	9	10
1	W	V	G	A	E	E	G	E	N	L
2	T	F	T	Ö	H	T	E	ICH	E	F
3	R	B	T	S	E	ICH	N	E	N	G
4	Ö	N	W	R	M	G	X	ICH	X	N
5	G	Ö	ICH	T	N	R	Ö	M	R	Ö
6	E	S	P	A	L	H	N	E	A	C
7	U	D	N	N	H	D	E	R	M	E

Unter anderen Kombinationen haben wir diese:

	3	5	1	4	2	8	10	6	9	7
1	G	E	W	A	V	E		L	E		N	G
2	T	H	T	Ö	F	ICH		F	T		E	E
3	T	E	R	S	B	E		G	ICH		N	N
4	W	M	Ö	R	N	ICH		N	G		X	X
5	ICH	N	G	T	Ö	M		Ö	R		R	Ö
6	P	L	E	A	S	E		C	H		A	N
7	N	H	U	N	D	R		E	D		M	E

Eine ganz beiläufige Betrachtung der Zeilen zeigt, dass sie in der Reihenfolge 6, 1, 2, 7, 3, 5, 4 wie folgt neu angeordnet werden sollten:

	3	5	1	4	2	8	10	6	9	7
6	P	L	E	A	S	E	C	H	A	N
1	G	E	W	A	V	E	L	E	N	G
2	T	H	T	Ö	F	ICH	F	T	E	E
7	N	H	U	N	D	R	E	D	M	E
3	T	E	R	S	B	E	G	ICH	N	N
5	ICH	N	G	T	Ö	M	Ö	R	R	Ö
4	W	M	Ö	R	N	ICH	N	G	X	X

Obwohl dies keine besondere Bedeutung hat, kann festgestellt werden, dass der Spaltenschlüssel in diesem Fall GRAND und der Zeilenschlüssel CENTRAL war , die beide wie bei der Verschlüsselung <u>von Fall 2-a verwendet wurden</u> .

FALL 3 . Routenchiffren. In diesem Fall werden ganze Wörter der Nachricht gemäß einigen der Methoden von Fall 1 oder 2 oder ihren Äquivalenten transponiert. Die Routenverschlüsselung wird derzeit kaum genutzt. Seine Entwicklung und Verwendung während des Bürgerkriegs war auf die Unfähigkeit der damaligen Telegrafisten zurückzuführen, normales Chiffriermaterial korrekt und schnell zu verarbeiten. Offen gesagt war es schon damals nur eine verzögernde Chiffre und musste, um überhaupt einen

Wert zu haben, mit bedeutungslosen Worten gefüllt werden, um die eigentliche Botschaft zu verbergen. Ein Beispiel aus dem Signalbuch reicht aus, um den allgemeinen Charakter von Streckenchiffren zu zeigen. Für jemanden, der mit monoliteralen Transpositions-Chiffren vertraut ist, bereiten selbst die besten Routenchiffren kaum Schwierigkeiten.

„Um die Nachricht , MOVE DAYLIGHT' zu verschlüsseln. Der Feind nähert sich von Norden. GEFANGENE SAGEN EINE STÄRKE VON HUNDERTTAUSEND. TREFFEN SIE IHN WIE GEPLANT. ' wie folgt anordnen:

BEWEGEN	STÄRKE	GEPLANT	SAGEN
TAGESLICHT	EINS	ALS	Gefangene
FEIND	HUNDERT	IHN	NORDEN
NÄHERT SICH	TAUSEND	TREFFEN	AUS

Hier führt der Weg die erste Säule hinunter, die vierte hinauf, die zweite hinunter und die dritte hinauf."

Diese Chiffre wurde oft durch die Einführung von Nullen für jedes fünfte Wort erschwert. Somit könnte die obige Nachricht gesendet werden:

BEWEGUNGSSTÄRKE GEPLANT SAGEN SIE *NIEMALS* TAGESLICHT EINS, ALS GEFANGENE, DIE DEN FEIND HUNDERT *VERLASSEN* , IHN *UNVERÄNDERT* NORDEN, NÄHERN SICH TAUSEND, TREFFEN VON *KOMMEN* .

Die kursiv gedruckten Wörter sind Nullen und kein Teil der Nachricht, und der Empfänger entfernt sie, bevor er seine Nachricht in Spalten anordnet, um den Sinn der Nachricht zu verstehen.

Als zusätzliche Komplikation war es üblich, dass jeder Korrespondent über ein Wörterbuch oder einen Code verfügte, in dem die Namen aller prominenten Generäle und Orte sowie viele der prominenten Verben aufgeführt waren, z. B. marschieren, segeln, lagern, angreifen, zurückziehen ,- wurden durch andere Wörter dargestellt.

Eine Routenverschlüsselung unter Verwendung der Codewörter des Codes des Kriegsministeriums könnte einige Vorteile gegenüber der in diesem Code vorgeschriebenen Methode zur Verschlüsselung von Codenachrichten haben.

Allgemeine Bemerkungen zu Transpositions-Chiffren

Experten sind sich einig, dass die Transpositionsverschlüsselung für militärische Zwecke nicht die beste ist. Es erfüllt nicht die erste, zweite und dritte Anforderung von Kerckhoff hinsichtlich der Unentzifferbarkeit, der Sicherheit, wenn Gerät und Methode in die Hände des Feindes fallen, und der Zuverlässigkeit auf ein leicht veränderbares Schlüsselwort.

Allerdings sind Transpositions-Chiffren häufig anzutreffen. Sie sind bei denen beliebt, denen die Substitutions-Chiffren zu schwierig und zu mühsam zu handhaben sind und die glauben, dass ihre Umsetzungsmethoden entweder überhaupt nicht oder ausreichend unentzifferbar sind, um den Text einer Nachricht vorerst zu verbergen. Sie scheinen besonders bei Geheimagenten und Spionen beliebt zu sein, vermutlich weil zum Verschlüsseln und Entschlüsseln selten spezielle Geräte erforderlich sind.

Obwohl die Zahl der Umsetzungsmethoden zahlreich ist, können sie praktisch alle unter einem der drei bereits diskutierten Fälle betrachtet werden. Es ist überraschend, wie oft sich Transpositions-Chiffren, die auf komplizierten Regeln basieren, bei der Analyse als sehr einfach erweisen.

Um bei der Lösung von Transpositions-Chiffren erfolgreich zu sein, sollte man ständig das Vorwärts- und Aufwärts- und Abwärtslesen von Spalten üben, damit die üblichen Buchstabenkombinationen bei dieser Betrachtung genauso schnell erkannt werden wie bei der Begegnung mit reinem Text. Kombinationen wie EHT , LLIW , ROF , DNA usw. sollten sofort als gebräuchliche, rückwärts geschriebene Wörter verstanden werden.

Eine Untersuchung der Häufigkeitstabelle von Digraphen oder Paaren ist ebenfalls eine hervorragende Übung und eine solche Tabelle sollte zur Hand sein, wenn eine Transpositions-Chiffre in Betracht gezogen wird. Es hilft sehr, wenn Fall 2 auftritt, und ist bei der Lösung von Fall 1 von erheblichem Nutzen.

Die Lösung von Routenchiffren ist zwangsläufig eine Lösung durch Ausprobieren, mit dem Wissen, dass solche Chiffren normalerweise spaltenaufwärts und abwärts gelesen werden. Es wird nicht angenommen, dass Routenchiffren heutzutage häufig anzutreffen sind.

KAPITEL VI

Untersuchung von Substitutions-Chiffren

eine unbekannte Chiffre mit den bereits beschriebenen Methoden in die Substitutionsklasse eingefügt wurde, können wir mit der Entscheidung über die Art der verwendeten Substitutions-Chiffre fortfahren.

Es gibt einige rein mechanische Möglichkeiten, einige der einfachen Fälle von Substitutions-Chiffren zu lösen, aber als allgemeine Regel müssen einige oder alle der folgenden Bestimmungen getroffen werden:

1. Durch die Erstellung einer Häufigkeitstabelle für die Nachricht stellen wir fest, ob ein oder mehrere Substitutionsalphabete verwendet wurden. Wenn nur eines verwendet wurde, führt diese Tabelle zur Lösung.

2. Nach bestimmten Regeln bestimmen wir, wie viele Alphabete verwendet wurden, falls es mehr als eines gibt, und isolieren und analysieren dann jedes Alphabet mithilfe einer Häufigkeitstabelle.

3. Wenn die beiden vorhergehenden Schritte zu keinem Ergebnis führen, müssen wir es mit einer Chiffre mit einem laufenden Schlüssel, einer Chiffre vom Typ Playfair oder einer Chiffre, bei der jeder Buchstabe des Textes durch zwei oder mehr Zeichen ersetzt wird, tun. Unter dieser dritten Überschrift werden einige Sonderfälle aufgeführt, aber im Allgemeinen werden militärische Chiffren der Substitutionsklasse normalerweise unter die ersten beiden Überschriften fallen, da die Vorbereitung und Entschlüsselung von Nachrichten durch sie Zeit und Sorgfalt erfordert letztgenannte Methoden und die in vielen Fällen erforderliche Notwendigkeit, für diese Prozesse komplizierte Maschinen einzusetzen.

FALL 4-a.

Nachricht

OBQFO BPBRP QBAML OBHIF PILFQ FJBOX OFLNR BIXOZ EL

Aus der Wiederholung von B , F und O können wir schließen, dass für diese Nachricht ein einziges Substitutionsalphabet verwendet wurde. Wenn dies der Fall ist und das Alphabet in der gleichen Reihenfolge und Richtung verläuft wie das reguläre Alphabet, besteht der einfachste Weg, die Bedeutung der Nachricht herauszufinden, darin, die ersten beiden Wörter zu nehmen und unter jeden Buchstaben wie folgt Alphabete zu schreiben, bis eine Zeile Sinn ergibt:

OBQFOBPBRP

PCRGPCQCSQ

QDSHQDRDTR

RETIRESEUS

Das Wort RETIRESE kommt in der vierten Zeile vor, und wenn die gesamte Nachricht auf diese Weise behandelt wird , lautet der Rest der vierten Zeile USTED POR EL MISMO ITINERARIO QUE MARCHO . Die Nachricht wurde mit einem Alphabet verschlüsselt , bei dem A = _ _ _ _ _ _ _ _ _

Fall 4-b.

Nachricht

HUJZH UIUPN OZYTS VQXMI SMOMX MQHUD UMREI SESJU AG

Dies ist eine Nachricht auf Spanisch. Wir werden es wie im <u>Fall 4-a behandeln</u> und die gesamte Nachricht aufschreiben.

HUJZHUIU	PNOZY	TSV	QX	<u>MISMO</u>	MXMQHUDUMR	EIS	ESJUAG
IVLAIVJV	QOPAZ	UTX	RY	A=A	NYNRIVEVNS	FJT	FTLVBH
JXMBJXLX	RPQBA	VUY	SZ		OZOSJXFXOT	GLU	GUMXCI
LYNCLYMY	SQRCB	XVZ	TA		PAPTLYGYPU	HMV	HVNYDJ
MZODMZNZ	TRSDC	YXA	UB		QBQUMZHZQV	INX	IXOZEL
NAPENAOA	<u>VERWENDET</u>	ZYB	VC		RCRVNAIARX	FREUDE	JYPAFM
OBQFOBPB	A=U	AZC	XD		SDSXOBJBSY	LPZ	LZQBGN
PCRGPCQC		<u>SCHLECHT</u>	IHR		TETYPCLCTZ	MQA	<u>MARCHO</u>
QDSHQDRD		CBE	ZF		UFUZQDMDUA	NRB	A=S
<u>RUHESTAND</u>		DCF	AG		VGVARENEVB	OSC	
A=Q		EDG	BH		XHXBSFOFXC	PTD	
		FEH	CI		YIYCTGPGYD	<u>QUE</u>	

		GFI	DJ		ZJZDUHQHZE	A=O	
		HGJ	EL		ALAEVIRIAF		
		IHL	A=M		BMBFXJSJBG		
		JIM			CNCGYLTLCH		
		LJN			DODHZMUMDI		
		MLO			EPEIANVNEJ		
		NMP			FQFJBOXOFL		
		ONQ			GRGLCPYPGM		
		POR			HSHMDQZQHN		
		A=E			Reiseroute		
					A=D		

Hier erscheint jedes Wort der Nachricht in einer anderen Zeile, und wenn wir jeweils den Buchstaben A notieren, erhalten wir das Wort QUEMADOS, das den Schlüssel darstellt. Das Chiffrieralphabet änderte sich mit jedem Wort der Nachricht.

Eine Variante dieses Falles besteht darin, dass sich das Chiffrieralphabet entsprechend einem Schlüsselwort ändert, die Änderung jedoch alle fünf oder alle zehn Buchstaben der Nachricht erfolgt und nicht bei jedem Wort. Der Text der Nachricht kann in diesem Fall mit ein wenig Studium erschlossen werden.

Beachten Sie in Fall 4, dass wir beim Entschlüsseln einer spanischen Nachricht in der Regel das Alphabet ohne K oder W verwenden. Wenn jedoch die Buchstaben K oder W in der Chiffre vorkommen, ist dies ein Beweis dafür, dass das reguläre englische Alphabet verwendet wird.

FALL 5-a.

Nachricht

DNWLW MXYQJ ANRSA RLPTE CABCQ RLNEC LMIWL XZQTT
QIWRY ZWNSM BKNWR YMAPL ASDAN

Diese Nachricht enthält K und W und daher gehen wir davon aus, dass das englische Alphabet verwendet wird. Die Häufigkeit des Auftretens von A, L, N, R und W hat uns dazu veranlasst, es unter Fall 4 zu untersuchen, jedoch ohne Ergebnis. Lassen Sie uns die ersten beiden Wörter aufschreiben und mit einer Chiffrierscheibe A bis A entschlüsseln und dann wie im Fall <u>4</u> <u>vorgehen</u> .

Chiffriernachricht   DNWLWMXYQJ

A bis entschlüsselt A XNEPEODCKR

           B YOFQFPEDLS

           C ZPGRGQFEMT

           D AQHSHRGFNU

           E BRITISHGOV

Es wurde festgestellt, dass die Nachricht mit einer Chiffrierscheibe der Sätze A bis E verschlüsselt war und der Text lautet: BRITISH GOVERNMENT PLACED CONTRACHS WITH FOLLOW FIRMS DURING SEPTEMBER .

FALL 5-b.

Identisch mit <u>Fall 4-b,</u> mit der Ausnahme, dass die Chiffriernachricht mithilfe einer Chiffrierscheibe, Satz A bis A , entschlüsselt werden muss , bevor mit dem Zusammenstellen der Buchstabenspalten fortgefahren wird. Die Wörter der entschlüsselten Nachricht werden in separaten Zeilen gefunden, wobei die Zeilen in der Regel durch ein Schlüsselwort gekennzeichnet sind, das wie im <u>Fall 4-b bestimmt werden kann</u> .

Die Frage der alphabetischen Häufigkeit wurde bereits bei der Betrachtung des Mechanismus der Sprache diskutiert. Es ist praktisch, die Häufigkeitstabellen in eine grafische Form zu bringen und eine ähnliche grafische Form beim Vergleich unbekannter Alphabete mit den Standardhäufigkeitstabellen zu verwenden. Beispielsweise wird hier die standardmäßige spanische Häufigkeitstabelle in grafischer Form dargestellt, um damit die Häufigkeitstabelle für die im Fall 4-a besprochene Nachricht zu <u>vergleichen</u> .

Standardmäßige spanische Häufigkeitstabelle			Tabelle für Nachrichtenfall 4-a		
A	111111111111111111111111111	27	A	1	1
B	11	2	B	1111111	7
C	111111111	9	C		

D	1111111111	10	D		
E	1111111111111111111111111111	28	E	1	1
F	11	2	F	11111	5
G	111	3	G		
H	11	2	H	1	1
ICH	111111111111	12	ICH	111	3
J	1	1	J	1	1
L	1111111111	10	L	111	3
M	111111	6	M	1	1
N	111111111111	12	N	1	1
Ö	1111111111111111	16	Ö	111111	6
P	11111	5	P	111	3
Q	11	2	Q	111	3
R	111111111111111	15	R	11	2
S	11111111111111	14	S		
T	11111111	8	T		
U	1111111	7	U		
V	11	2	V		
X			X	11	2
Y	11	2	Y		
Z	1	1	Z	1	1

Unsere erste Annahme könnte sein, dass B = A und F = E , aber es ist sofort klar, dass in diesem Fall S , T , U und V (gleich R , S , T und U) nicht auftreten und selbst dies eine Nachricht ist kurz ohne R , S , T oder U ist praktisch unmöglich. Wenn wir B = E ausprobieren , stellen wir fest, dass die beiden

Tabellen im Allgemeinen sehr gut übereinstimmen, und das ist alles, was man von einer so kurzen Nachricht erwarten kann. Je länger die Nachricht ist, desto eher stimmt ihre Häufigkeitstabelle mit der Standardtabelle überein. Beachten Sie, dass bei Verwendung einer Chiffrierscheibe das Alphabet in die andere Richtung läuft und wir bei der Arbeit mit einer Grafiktabelle aufwärts zählen müssen. Beachten Sie auch, dass wenn es in einer ziemlich langen Nachricht unmöglich ist, die grafische Tabelle, weder nach oben noch nach unten, mit der Standardtabelle zu koordinieren und dennoch einige Buchstaben viel häufiger vorkommen als andere und andere überhaupt nicht vorkommen, dann ist dies der Fall ein gemischtes Alphabet, mit dem man umgehen muss. Das für Fall 6-a gewählte Beispiel ist von diesem Charakter. Eine Untersuchung der in diesem Fall vorgelegten Häufigkeitstabelle zeigt, dass sie keine grafische Ähnlichkeit mit der Standardtabelle aufweist. Wie jedoch im Fall 7-b zu sehen sein wird, können wir durch die Erstellung grafischer Tabellen eindeutig feststellen, dass in jedem einer Reihe gemischter Alphabete die gleiche Reihenfolge der Buchstaben eingehalten wird.

Allgemeine Bemerkungen

Jede Substitutionsverschlüsselung, die durch ein einzelnes Alphabet aus Buchstaben, Zahlen oder konventionellen Zeichen verschlüsselt wird, kann mit den Methoden von Fall 6 verarbeitet werden. Beispielsweise können die Nachrichten unter Fall 4-a und 5-a leicht mit diesen Methoden gelöst werden. Beachten Sie jedoch, dass die Meldungen in den Fällen 4-b und 5-b nicht auf diese Weise gelöst werden können, da mehrere Alphabete verwendet werden. Wir werden später sehen, dass es in einigen Fällen Methoden zur Trennung der verschiedenen Alphabete gibt, bei denen mehrere verwendet werden und dann jedes der Alphabete wie folgt behandelt werden muss.

FALL 6-a.

Nachricht

QDBYP BXHYS OXPCP YSHCS EDRBS ZPTPB BSCSB PSHSZ AJHCD OSEXV HPODA PBPSZ BSVXY XSHCD

Diese Nachricht stammt von einer Quelle, die uns sicherstellt, dass sie auf Spanisch ist. Das Vorkommen von B , H , P und S hat uns dazu verleitet, die ersten beiden Wörter wie in Fall 4 und 5 auszuprobieren, jedoch ohne Ergebnis. Wir bereiten nun eine Häufigkeitstabelle vor und notieren dabei gleichzeitig den vorhergehenden und den folgenden Buchstaben. Dieses letztere Verfahren dauert kaum länger als die Erstellung einer gewöhnlichen Häufigkeitstabelle und liefert äußerst wertvolle Informationen.

Häufigkeitstabelle

			Präfix	Suffix
A	11	2	ZD	JP
B	11111111	8	DPRPBSPZ	YXSBSPPS
C	11111	5	PHSHH	PSSDD
D	11111	5	QECOC	BROA
E	11	2	SS	DX
F				
G				
H	111111	6	XSSJVS	YCSCPC
ICH				
J	1	1	A	H
L				
M				
N				
Ö	111	3	SDP	XSD
P	111111111	9	YXCZTBHAB	BCYTBSOBS
Q	1	1		D
R	1	1	D	B
S	111111111111	12	YYCBBCPHOPBX	OHEZCBHZEZVH
T	1	1	P	P
U				
V	11	2	XS	HX
X	11111	5	BOEVY	HPVYS

		Präfix		**Suffix**
Y	1111	4	BHPX	PSSX
Z	111	3	SSS	PAB

Aus der Betrachtung dieser Tabelle wird deutlich, dass wir es mit einem einzigen Alphabet zu tun haben, bei dem die Buchstaben jedoch nicht in ihrer regulären Reihenfolge vorkommen.

Wir können annehmen, dass P und S wahrscheinlich A und E sind , sowohl aufgrund der Häufigkeit, mit der sie vorkommen, als auch der Vielfalt ihrer Präfixe und Suffixe. Wenn dies der Fall ist, dann sind B und H wahrscheinlich Konsonanten und können R bzw. N darstellen . D und X sind dann nach derselben Analysemethode Vokale. Wenn man bedenkt, dass HC dreimal vorkommt und H als N annimmt , schließen wir, dass C wahrscheinlich T ist . Ersetzen Sie diese Werte in den letzten drei Wörtern der Nachricht, da die angenommenen Buchstaben dort relativ häufig vorkommen.

PBPSZBSV X   YX   SHC D

    ICH   ICH   ICH

ARAE_RE_   _   HNO

    Ö   Ö   Ö

Nun wird Z immer ein S vorangestellt und es kann L sein . Nehmen wir X=I und D=O (es sind sicherlich Vokale), V=G und Y=M , dann haben wir

ARA EL REGIMIENTO

Ersetzen Sie diese Werte im Rest der Nachricht, die wir haben

Q DBYPBXH YSOXPCP YSHCSED RBSZPTPB

_ ORMARIN ME_IATA MENTE_O _RELA_AR

  BSCSB   PSHSZ   AJHCD   OSEXVHPODA

  RETER   AENEL   __NTO   _E_IGNA_O_

Wir können nun Q=F , O=D , E=S , R=B , T=C , A=P und J=U nehmen und die Nachricht ist vollständig. Bei unserer letzten Annahme hilft uns die Feststellung, dass S=E und E=S usw., und wir können auf dieser Grundlage das gesamte Alphabet rekonstruieren. Die Buchstaben in Klammern kommen in der Nachricht nicht vor, es kann jedoch davon ausgegangen werden, dass sie korrekt sind.

Norm ABCDEF G HIC J L MN ÖPQRS TUVX YZ
al   H

Chiffr PRTÖS (Q (V N(X) (U (Z (J (H DAF BECJ GIC ML
e   ))   ))))   H

Es ist immer sinnvoll, die Rekonstruktion des gesamten Alphabets zu
versuchen, um es für den Fall zu verwenden, dass weitere darin geschriebene
Chiffriernachrichten empfangen werden.———

FALL 6-b.

Nachricht

Lt. JB Smith, Royal Flying Corps, Calais, Frankreich.

DACFT RRBHA MOOUE AENOI ZTIET

ASMOS EOHIE YOCKF NOHOE NORDEN

OMEAH NILGO OSAHU OHOUE APCHS

TLNDA CFTEN INTWN BAFOH GROHT

AEIOH ABRIS ODACF TRREN OSTSM

AYBIS DFTEN EFAPH OSMNI ZTIEA

HILL   TWSOU GDENO UTHOM EAHBH

AMOOU EAYOE QISUU OLEHA DENOE

NHOOQ OBBOR TSLHO BAHEO UBHOB

IHTSW ENOHO PAHIH ITUAS BIHTL

Graham-White.

Aus der Adresse und der Signatur geht hervor, dass diese Nachricht auf
Englisch verfasst ist.

Die Chiffre besteht aus 250 Buchstaben; die Vokale AEIOU kommen 109
Mal oder 43,6 % vor, die Buchstaben LNRST kommen 62 Mal oder 24,8 %
vor und die Buchstaben KQVXZ kommen 5 Mal oder 2 % vor. Der Anteil
ist bei den Vokalen etwas zu groß und bei den Buchstaben LRNST zu klein.
Es ist dann fraglich, ob es sich hierbei um eine Transpositions-Chiffre
handelt , auch wenn es auf den ersten Blick so aussehen könnte.

Bei der Suche nach Teilen möglicher Wörter fällt uns sofort das Auftreten
wiederkehrender Gruppen in unregelmäßigen Abständen auf, nämlich:

DACFTRR	ENO	BHAMOOUEA
DACFTEN	ENOUTHOMEAH	BHAMOOUEA
	ENO	
DACFTRR	DENOUTHOMEAH	IZTIE
FTEN	DENO	IZTIE
	ENO	

Dies ist ein starker Hinweis darauf, dass es sich bei der Chiffre um eine Substitutions-Chiffre handelt. Um eine Untersuchung durchzuführen, wird daher eine Häufigkeitstabelle erstellt.

Häufigkeitstabelle

A	B	C	D	E	F	G	H	ICH	J	K	L	M	N	Ö	P	Q	R	S	T	U	V	W	X	Y	Z
23	11	7	6	24	7	3	26	16		0	1	8	8	15	36	3	2	8	14	17	11	1	3	0	3	2

Oberflächlich betrachtet sieht dies aus wie eine normale Häufigkeitstabelle, aber O ist der dominierende Buchstabe, gefolgt von H , E , A , T , I , N , S , in der genannten Reihenfolge. Es handelt sich sicherlich um Fall 6, wenn es sich überhaupt um eine Substitutions-Chiffre handelt.

Sehen wir uns an, was durch die Annahme von O=E erreicht werden kann ; das Triplett ENO , das sechsmal vorkommt, könnte durchaus THE und E=T und N=H sein . Ein Blick auf die Häufigkeitstabelle zeigt, dass dies sinnvoll ist. Ersetzen Sie diese Buchstaben nun in einigen wahrscheinlichen Gruppen. FNOHOENO wird zu _HE_ETHE ; FTEN wird zu _TH ; ENOENHO wird zu THETH_E ; ENOHO wird zu THE_E . Eine kleine Untersuchung wird zeigen, dass F=W , T=I und H=R und die Häufigkeitstabelle bestätigt dies, außer dass H(=R) zu häufig aufzutreten scheint. Die wiederkehrenden Gruppen , die DAC enthalten (siehe oben), kommen so vor, dass wir sicher sein können, dass DAC ein Wort, FTRR ein anderes und FTEN(=WITH) ein drittes ist. Nun wird FTRR zu WI__ , was nur durch einen Doppelbuchstaben abgeschlossen werden kann. LL erfüllt die Rechnung und wir können R=L sagen . Da DAC die Nachricht startet und von FTRR (=WILL) gefolgt wird, ist es sinnvoll, DAC=YOU zu versuchen . Wenn wir DAC in der Frequenztabelle nachschlagen, wird deutlich, dass wir mit dieser Annahme nichts belasten. Wir haben nun:

Chiffrierbuchstaben ONTAHECFD

Briefe mit Botschaft EHIORTUWY

Nehmen Sie nun die Gruppe ENOUTHOMEAH , die zweimal vorkommt. Daraus wird THE_IRE_TOR und wenn wir U=D und M=C ersetzen , haben wir THE DIRECTOR . Als nächstes wird die Gruppe (FTRR)BHAMOOUEA zu (WILL) _ROCEEDTO und der Kontext gibt ein Wort mit fehlendem Buchstaben als PROCEED an , woraus B=P ist . Als nächstes wird die Gruppe (ENO) IZTIETASMOSEOHIEYOCK(FNOHO) zu (THE)__I_TIO_CE_TER_T_EU_(WHERE) und die Gruppe (FTEN)EFAPHOSMNIZTIEAHL wird zu (WITH)TWO_RE_CH__I_TOR_ . Durch die Ersetzung von A durch I , V durch Z , N durch S und F durch P lautet die letztere Gruppe (WITH TWO FRENCH AVIATORS) und die erstere lautet (THE)AVIATION CENTER AT _EU_(WHERE) .

Nun ist das Wort YOCK = (_EU_) offensichtlich der Name eines Ortes. Wir finden eine weitere Gruppe, die Y enthält , nämlich ENOSTSMAYBISD , die zu THENINCO_PANY wird , sodass wir offensichtlich Y durch M ersetzen sollten . Das andere Vorkommen von Y (=M) befindet sich in der Gruppe EAYOEQISU , die zu TOMET_AND wird . Mit angemessenen Geographiekenntnissen erhalten wir die Wörter MEUX und METZ, so dass K durch X und Q durch Z ersetzt werden sollte .

Wir haben jetzt genügend Buchstaben, um die Nachricht vollständig zu entschlüsseln.

Chiffrierbuchstaben ABCDEFGHIKLMNOPQRSTUVWYZ

Briefe mit Botschaft OPUYTW_RAXSCHEFZLNID__MV

Die Nachricht entschlüsselt:

SIE WERDEN ZUM AVIATION CENTER IN MEUX WEITERGEHEN, WO DER DIREKTOR _EEN BEFEHLT HAT, IHNEN EIN HI_H POWER _LERIOT-FLUGZEUG AUSZUSTELLEN. DANN WERDEN SIE IN BEGLEITUNG ZWEI FRANZÖSISCHER FLIEGER UND DES DIREKTORS NACH METZ FAHREN UND DIE DREI ZEPPELINS ZERSTÖREN, DIE SICH DORT AUF EINEN ÜBERRAGUNG AUF PARIS VORBEREITET HABEN.

Die Ersetzung von B durch G , G durch W und K durch V vervollständigt die Chiffre. Diese Chiffre ist nur deshalb schwierig, weil das Chiffrieralphabet nicht zufällig, sondern wissenschaftlich unter Berücksichtigung der natürlichen Häufigkeit des Vorkommens der Buchstaben zusammengestellt ist. Bei der Chiffrierarbeit ist es gefährlich, die ordnungsgemäße Analyse zu vernachlässigen und voreilige Schlussfolgerungen zu ziehen.

Bei der Untersuchung mexikanischer Substitutions-Chiffren wurden mehrere Alphabete gefunden, die auf eine allgemeine Art und Weise aufgebaut sind, wie das in diesem Fall besprochene.

FALL 6-c. – Beim Umgang mit Chiffren, die aus Zahlen oder konventionellen Zeichen bestehen, ist es praktisch, die Zahlen und Zeichen durch beliebige Buchstaben zu ersetzen. Angenommen, wir haben die Nachricht:

”??2&	45x15	)“ 8&#	&&1x4	%&4&%
6 x?& ”	8&*x4	6°*°&	%“ 4&“	

Dies geschieht durch willkürliche Ersetzung von Buchstaben

ABCCD EFGHF IJKDL   DDHGE MDEDM

NGBDA KDOGE NPOPD MAEDA

Diese Nachricht ist nun in einer bequemen Form, die als Fall 6-a behandelt werden kann, und die Lösung lautet wie folgt:

Allen Personen wurde befohlen, das befestigte Gebiet zu verlassen.

Ebenso die Botschaft

1723 3223 2825 1828 3630 2336 1423 2827 2324 3120 2317 3123

3036 2120 2415 3029 1512 2831 1721 2715 2811 2715 1923 3030

1215 1130 2128 3623

Es wurde festgestellt, dass es ausschließlich aus Zahlen zwischen 11 und 36 besteht, wobei die Zahlen 23, 28 und 30 am häufigsten vorkommen. Dies lässt sofort auf ein Alphabet schließen, das aus den Zahlen von 11 bis einschließlich 36 besteht und jede Ziffergruppe zwei Buchstaben darstellt. Durch willkürliches Ersetzen von Buchstaben für Gruppen von zwei Zahlen erhalten wir:

AB CB DE FD   GH BG IB   DJ BK LM BA PFUND

HG NM OP Hauptquartier PR DL EIN JP DS JP   TB HH

RP Sch ND GB

und diese Nachricht kann auch als Fall 6-a behandelt werden. Es lautet zur Lösung:

SIEBENHUNDERT MÄNNER VERREICHTEN GESTERN, UM PUNKTE IM UNTEREN RIO GRANDE ZU ERHALTEN.

KAPITEL VII

betrachten nun die Klasse der Substitutions-Chiffren, bei denen eine Reihe von Alphabeten verwendet werden, wobei die Anzahl und Auswahl der Alphabete von einem Schlüsselwort oder einem Äquivalent abhängt und regelmäßig in der Nachricht verwendet wird.

Zu dieser Klasse gehören die Methoden von Vigenere , Porta, Beaufort, St. Cyr und vielen anderen. Diese Methoden sind mehrere hundert Jahre alt, aber Variationen davon tauchen ständig als neue Chiffren auf. Die Larrabee-Chiffre, die für die Kommunikation zwischen Regierungsstellen verwendet wird, ist die Vigenere- Chiffre aus dem 17. Jahrhundert. Das Chiffrierscheibenverfahren ist praktisch die Vigenere- Chiffre mit umgekehrten Alphabeten.

Bei der Verwendung dieser Chiffren wird eine Anzahl verschiedener Chiffrieralphabete bereitgestellt, normalerweise sechsundzwanzig, und jedes Chiffrieralphabet wird durch einen anderen Buchstaben oder eine andere Zahl identifiziert. Ein Schlüsselwort oder eine Phrase (oder eine Schlüsselnummer) wird von den Korrespondenten vereinbart. Die zu verschlüsselnde Nachricht wird in Zeilen geschrieben, die eine Buchstabenanzahl enthalten, die ein Vielfaches der Buchstabenanzahl des Schlüssels ist. Der Schlüssel wird als erste Zeile geschrieben. Dann wird jede Spalte unter einem Buchstaben des Schlüssels mit dem Chiffrieralphabet verschlüsselt, das zu diesem Buchstaben des Schlüssels gehört. Nehmen wir zum Beispiel die Nachricht „Alle Funknachrichten müssen künftig verschlüsselt werden" mit dem Schlüssel GRANT und unter Verwendung der unten angegebenen Vigenere- Chiffrieralphabete. Jedes dieser Alphabete wird durch den ersten oder linken Buchstaben identifiziert , der das A des Textes darstellt . Wir werden daher abwechselnd die Alphabete verwenden, die mit G , mit R , mit A , mit N und mit T beginnen .

```
GRANT    GR   A   NT

ALLRA    DICHÖ    ME

SSAGE    SM   U   ST

HEREA    FT   E   RB

EPUT ICHNC   ICHP H

ER
```

G angegebenen Alphabet erhalten wir

G J

Y Y

N L

K T

K

Fahren wir mit den anderen Alphabeten fort, erhalten wir

G C   L E T J Z Ö   Z X

Y J   A T X Y D U   F M

N V   R R T L K E   E U

K G   U G B T T ICH C A

K ICH

Diese Methode, die Nachricht in Zeilen und Spalten anzuordnen und dann
ganze Spalten mit jedem Chiffrieralphabet zu verschlüsseln, ist viel kürzer als
die Methode, jeden Buchstaben der Nachricht separat zu verarbeiten. Auch
die Fehlerwahrscheinlichkeit wird deutlich reduziert.

Alle diese Chiffrierverfahren können mittels Quadraten mit den
verschiedenen Alphabeten, Chiffrierscheiben oder Anordnungen aus festen
und verschiebbaren Alphabeten betrieben werden. Dies war zum Beispiel die
ursprüngliche Chiffre von Vigenere :

A B C D E F G H I J K L M N Ö P Q R S T U V W X Y Z
                  C
                  H

B C D E F G H I J K L M N Ö P Q R S T U V W X Y Z A
                  C
                  H

C D E F G H I J K L M N Ö P Q R S T U V W X Y Z A B
                  C
                  H

D E F G H I J K L M N Ö P Q R S T U V W X Y Z A B C
                  C
                  H

E F G H I J K L M N Ö P Q R S T U V W X Y Z A B C D
      C
      H

F G H I J K L M N Ö P Q R S T U V W X Y Z A B C D E
     C
     H

G H I J K L M N Ö P Q R S T U V W X Y Z A B C D E F
   C
   H

H I J K L M N Ö P Q R S T U V W X Y Z A B C D E F G
  C
  H

I J K L M N Ö P Q R S T U V W X Y Z A B C D E F G H
C
H

J K L M N Ö P Q R S T U V W X Y Z A B C D E F G H I
                                      C
                                      H

K L M N Ö P Q R S T U V W X Y Z A B C D E F G H I J
                                   C
                                   H

L M N Ö P Q R S T U V W X Y Z A B C D E F G H I J K
                                C
                                H

M N Ö P Q R S T U V W X Y Z A B C D E F G H I J K L
                              C
                              H

N Ö P Q R S T U V W X Y Z A B C D E F G H I J K L M
                            C
                            H

Ö P Q R S T U V W X Y Z A B C D E F G H I J K L M N
                           C
                           H

P Q R S T U V W X Y Z A B C D E F G H I J K L M N Ö
                                          C
                                          H

Q R S T U V W X Y Z A B C D E F G H I J K L M N Ö P
                                          C
                                          H

R S T U V W X Y Z A B C D E F G H I J K L M N Ö P Q
                                          C
                                          H

S T U V W X Y Z A B C D E F G H I J K L M N Ö P Q R
                                          C
                                          H

T U V W X Y Z A B C D E F G H I J K L M N Ö P Q R S
                                          C
                                          H

U V W X Y Z A B C D E F G H I J K L M N Ö P Q R S T
                                          C
                                          H

V W X Y Z A B C D E F G H I J K L M N Ö P Q R S T U
                                          C
                                          H

W X Y Z A B C D E F G H I J K L M N Ö P Q R S T U V
                                          C
                                          H

X Y Z A B C D E F G H I J K L M N Ö P Q R S T U V W
                                          C
                                          H

Y Z A B C D E F G H I J K L M N Ö P Q R S T U V W X
                                          C
                                          H

Z A B C D E F G H I J K L M N Ö P Q R S T U V W X Y
                                          C
                                          H

Das erste horizontale Alphabet ist das Alphabet des Klartextes. Jedes
Ersatzalphabet wird durch den Buchstaben links von einer horizontalen Linie

gekennzeichnet. Wenn das Schlüsselwort beispielsweise BAD lautet , werden nacheinander das zweite, erste und vierte Alphabet verwendet und das Wort WILL wird mit XIOM verschlüsselt .

Die Larrabee-Chiffre ist lediglich eine etwas andere Anordnung der Vigenere- Chiffre und wird in dieser Form auf eine Karte gedruckt:

A
ABCDEFGHIJKLMNOPQRSTUVWXYZ
abcdefghijklmnopqrstuvwxyz

B
ABCDEFGHIJKLMNOPQRSTUVWXYZ
bcdefghijklmnopqrstuvwxyza

C
ABCDEFGHIJKLMNOPQRSTUVWXYZ
cdefghijklmnopqrstuvwxyzab

usw.

Y
ABCDEFGHIJKLMNOPQRSTUVWXYZ
yzabcdefghijklmnopqrstuvwx

Z
ABCDEFGHIJKLMNOPQRSTUVWXYZ
zabcdefghijklmnopqrstuvwxy

Die großen Buchstaben links sind die Buchstaben des Schlüsselworts. Es ist zu beachten, dass diese Buchstaben den Anfangsbuchstaben des Chiffrieralphabets (in Kleinbuchstaben) wie in der Vigenere- Chiffre entsprechen.

Eine viel einfachere Anordnung der Vigenere- Chiffre ist die Verwendung eines festen und verschiebbaren Alphabets. Entweder das feste oder das gleitende Alphabet muss doppelt sein, um für jeden Buchstaben eine Übereinstimmung zu erzielen, wenn A auf den Buchstaben des Schlüsselworts gesetzt wird.

Festes Textalphabet

ABCDEFGHIJKLMNOPQRSTUVWXYZABCDEFGHIJKLMNOPQ
RSTUVWXYZ

ABCDEFGHIJKLMNOPQRSTUVWXYZ

Bewegliches Chiffrieralphabet

Wie hier gezeigt, fällt A des festen oder Textalphabets mit T des beweglichen Chiffrieralphabets zusammen. Dies ist die Einstellung, bei der T der Buchstabe des verwendeten Schlüsselworts ist. Das untere bewegliche Alphabet wird für jeden Buchstaben der Nachricht bewegt und das A des festen Alphabets wird nacheinander mit jedem Buchstaben des Schlüssels in Übereinstimmung gebracht, bevor der entsprechende Buchstabe des Textes verschlüsselt wird. Von dieser Anordnung ist es offensichtlich nur ein Schritt zu der einer Chiffrierscheibe, bei der das feste Alphabet (eine einzige dient jetzt) in einem Kreis gedruckt ist und sich das bewegliche Alphabet, ebenfalls in einem Kreis, auf einer separaten drehbaren Scheibe befindet . Die Übereinstimmung eines beliebigen Buchstabens auf der Scheibe mit A des festen Alphabets wird durch Drehen der Scheibe erreicht.

Die bekannte Chiffrierscheibe der US-Armee hat eine solche Anordnung des festen Alphabets, aber das Alphabet der Scheibe ist umgekehrt. Dies hat mehrere Vorteile hinsichtlich der Einfachheit der Bedienung, jedoch keinen hinsichtlich der Erhöhung der Unentzifferbarkeit der damit erstellten Chiffre. Die Anordnung von festen und verschiebbaren Alphabeten, die der Chiffrierscheibe der US-Armee entspricht, ist folgende:

Festes Alphabet

ABCDEFGHIJKLMNOPQRSTUVWXYZABCDEFGHIJKLMNOPQ
RSTUVWXYZ

ZYXWVUTSRQPONMLKJIHGFEDCBA

Bewegliches Alphabet

Es ist zu beachten, dass es bei dieser Anordnung der Alphabete in entgegengesetzter Richtung unerheblich wird, welches Alphabet für den Text und welches für die Chiffre verwendet wird, denn wenn A = G , dann ist G = A. Dies gilt nicht für die Vigenere- Chiffre.

Es ist durchaus möglich, die Chiffrierscheibe der US Armee durch eine Karte zu ersetzen. Es hätte diese Form:

ABCDEFGHIJKLMNOPQRSTUVWXYZ

1 AZYXWVUTSRQPONMLKJIHGFEDCB

2 BAZYXWVUTSRQPONMLKJIHGFEDC

3 CBAZYXWVUTSRQPONMLKJIHGFED

usw.

25 YXWVUTSRQPONMLKJIHGFEDCBAZ

26 ZYXWVUTSRQPONMLKJIHGFEDCBA

Die erste horizontale Zeile ist das Alphabet des Textes. Die anderen sechsundzwanzig Zeilen sind die Chiffrieralphabete, die jeweils dem Buchstaben des Schlüsselworts entsprechen, das sich links in der Zeile befindet.

Eine der Chiffren von Porta wurde mit einer Karte dieser Art erstellt:

AB	ABCDEFGHIJKLM NOPQRSTUVWXYZ

CD	ABCDEFGHIJKLM ZNOPQRSTUVWXY

EF	ABCDEFGHIJKLM YZABCDEFGHIJK

usw.

WX	ABCDEFGHIJKLM PQRSTUVWXYZNO

YZ	ABCDEFGHIJKLM OPQRSTUVWXYZN

In dieser Chiffre entsprechen die großen Buchstaben links den Buchstaben des Schlüssels und in jedem Alphabet wird der obere Buchstabe durch den unteren Buchstaben ersetzt und umgekehrt. Wenn wir beispielsweise WILL mit dem Schlüssel BAD verschlüsseln, erhalten wir JVXY . Beachten Sie, dass bei B oder A als Schlüsselbuchstabe das erste Alphabet verwendet wird.

Eine Kombination der Vigenere- und Porta-Chiffren ist diese:

A	ABCDEFGHIJKLMNOPQRSTUVWXYZ ABCDEFGHIJKLMNOPQRSTUVWXYZ

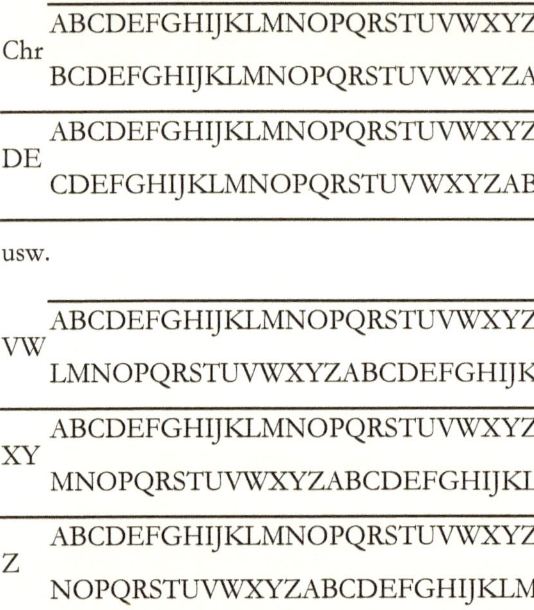

Chr	ABCDEFGHIJKLMNOPQRSTUVWXYZ BCDEFGHIJKLMNOPQRSTUVWXYZA
DE	ABCDEFGHIJKLMNOPQRSTUVWXYZ CDEFGHIJKLMNOPQRSTUVWXYZAB

usw.

VW	ABCDEFGHIJKLMNOPQRSTUVWXYZ LMNOPQRSTUVWXYZABCDEFGHIJK
XY	ABCDEFGHIJKLMNOPQRSTUVWXYZ MNOPQRSTUVWXYZABCDEFGHIJKL
Z	ABCDEFGHIJKLMNOPQRSTUVWXYZ NOPQRSTUVWXYZABCDEFGHIJKLM

Auch hier entsprechen die großen Buchstaben links den Buchstaben des Schlüssels, und in jedem Alphabetpaar ist das obere das des Klartextes und das untere das der Chiffre.

Diese Chiffre kann auch mit einem festen und einem gleitenden Alphabet betrieben werden.

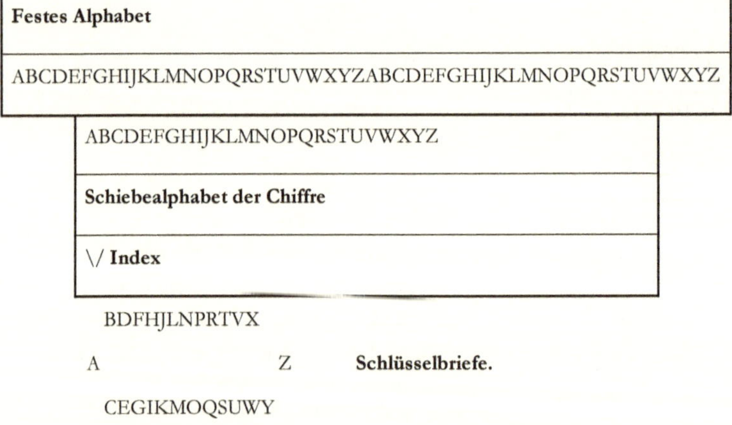

Festes Alphabet

ABCDEFGHIJKLMNOPQRSTUVWXYZABCDEFGHIJKLMNOPQRSTUVWXYZ

ABCDEFGHIJKLMNOPQRSTUVWXYZ

Schiebealphabet der Chiffre

\/ **Index**

BDFHJLNPRTVX

A   Z   **Schlüsselbriefe.**

CEGIKMOQSUWY

Die anderen erwähnten Chiffren sind lediglich Variationen der diskutierten. Für die folgende Analyse ist es unerheblich, welche Sorte verwendet wurde. Die Analyse basiert eigentlich darauf, was mit einer Chiffre gemacht werden kann, die aus einem gemischten Chiffrieralphabet besteht, das in Bezug auf das feste Alphabet des Textes verschoben werden kann (siehe Fall 7-b). Offensichtlich ist dies ein viel schwierigeres Unterfangen, als sich mit einer Chiffre zu befassen, bei der die Chiffrieralphabete in ihrer regelmäßigen Reihenfolge, entweder rückwärts oder vorwärts, ablaufen. Tatsächlich können wir bei der Analyse von Fall 7 jede mit der Methode von Vigenere oder einer ihrer Variationen erstellte Chiffre als einen speziellen und einfachen Fall betrachten.

Es wurde vor langer Zeit entdeckt, dass in jeder Chiffre dieser Klasse (1) zwei gleiche Buchstabengruppen in der Chiffre höchstwahrscheinlich das Ergebnis zweier ähnlicher Buchstabengruppen des mit denselben Alphabeten verschlüsselten Textes sind und (2) die Zahl Die Anzahl der Buchstaben in einer Gruppe plus die Anzahl der Buchstaben bis zum Anfang der zweiten Gruppe ist ein Vielfaches der Anzahl der verwendeten Alphabete. Es ist natürlich offensichtlich, dass wir möglicherweise ähnliche Gruppen in der Chiffre haben, die nicht das Ergebnis der Verschlüsselung ähnlicher Textgruppen mit denselben Alphabeten sind, aber wenn wir alle wiederkehrenden Gruppen in einer Nachricht nehmen und die Anzahl der dazwischen liegenden Buchstaben untersuchen, Wir werden feststellen, dass die meisten dieser Fälle diesen beiden Grundsätzen entsprechen.

Um die oben genannten Punkte klarer zu veranschaulichen, werden das Schlüsselwort und die Nachricht geändert. Im Folgenden wird aus dem Signalbuch von 1914 zitiert, in Bezug auf die Verwendung der Chiffrierscheibe bei der Erstellung einer Nachricht mit einem Schlüsselwort. 1

„–Diese einfache Scheibe kann mit einem Chiffrierwort oder vorzugsweise Chiffrierwörtern verwendet werden, die nur den Korrespondenten bekannt sind ... Wir verwenden das Schlüsselwort „Scheibe", um die Nachricht zu verschlüsseln: „Der Artilleriekommandeur wird den Abzug aller Waffen anordnen." geht wie folgt vor: Schreiben Sie die zu verschlüsselnde Nachricht aus und schreiben Sie darüber das Schlüsselwort ... Buchstabe über Buchstabe, also:

SCHEI BE	SCHEI BE	SCHEI BE	SCHEI BE	SCHEI BE	SCHEI BE	SCHEI BE	SCHEI BE	SCHEI BE	SCHEI BE	DIS
ARTI	LLER	YCOM	MAND	ERWI	LLOR	DERA	LLGU	NSWI	THDR	GRAN NE
DRZC	SXOT	FGEY	RIFH	ZRWC	SXET	AEBK	SXMQ	QQWC	XBPT	DMP

„Fügen Sie nun das „a" der oberen Scheibe unter den ersten Buchstaben des Schlüsselworts auf der unteren Scheibe, in diesem Fall „D", ein. Der erste Buchstabe der zu verschlüsselnden Nachricht ist „A": „d" ist der mit „A" verbundene Buchstabe und wird als erster Chiffrierbuchstabe eingetragen. Der Buchstabe „a" wird dann unter „I" eingefügt, dem zweiten Buchstaben des Schlüsselworts. „R" soll verschlüsselt werden und „r" ist der zweite Chiffrierbuchstabe.... Fahren Sie auf diese Weise fort, bis der letzte Buchstabe des Schlüsselworts verwendet wird, und beginnen Sie erneut mit dem Buchstaben „D", also fahren Sie fort, bis Alle Buchstaben der Nachricht wurden verschlüsselt. In Gruppen von fünf Buchstaben unterteilt, sieht es wie folgt aus:

„ DRZCS XOTFG EYRIF HZRWC SXETA EBKSX MQQQW CKBPT DMF ."

Soviel zum Signalbuch; Lassen Sie uns nun die obige Nachricht für Paare oder ähnliche Gruppen untersuchen und die dazwischen liegenden Buchstaben zählen, um die Prinzipien (1) und (2) zu demonstrieren.

CSX	—CSX	$16 = 4 \times 4$
SX	—SX	$16 = 4 \times 4$
SX	—SX	$8 = 2 \times 4$
Toilette	—Toilette	$16 = 4 \times 4$

Das Schlüsselwort kann aus den Beweisen 2, 4 oder 8 Buchstaben enthalten, aber wir können 2 eliminieren, da dies unwahrscheinlich ist, und die Erstellung von Häufigkeitstabellen für jedes der vier Alphabete würde bald zeigen, dass 4 die richtige Zahl ist.

Ein späteres und ausführlicheres Beispiel (Fall 7-a) wird Paare zeigen, die nicht durch ein Vielfaches der Anzahl der verwendeten Alphabete getrennt sind, aber die Beweise werden in fast jedem Fall praktisch schlüssig sein. Dies ist insbesondere dann der Fall, wenn der Zufall uns dabei hilft, indem er Gruppen von drei oder mehr Buchstaben angibt, wie die Gruppe CSX im obigen Beispiel. Die Anzahl der Alphabete, die für jedes Alphabet bestimmt wurden, wird mit den bereits besprochenen Methoden von Fall 6 gehandhabt .

FALL 7-a. – Die folgende Nachricht erschien in der „persönlichen" Spalte einer Londoner Zeitung:

„MB wird morgen £27 14s 5d einzahlen"

und am nächsten Tag finden wir dieses hier:

MB CT OSB UHGI TP IPEWF H CEWIL NSTTLE FJNVX XTYLS FWKKHI BJLSI SQ VOI BKSM XMKUL SK NVPONPN GSW OL. IEAG NPSI HYJISFZ CYY NPUXQG TPRJA VXMXI AP EHVPPR TH WPPNEL. UVZUA MMYVSF KNTS ZSZ UAJPQ DLMMJXL JR RA

PORTELOGJ CSULTWNI XMKUHW XGLN ELCPOWY OL. ULJTL
BVJ TLBWTPZ XLD K ZISZNK OSY DL RYJUAJSSGK. TLFNS UVD
VV FQGCYL FJHVSI YJL NEXV PO WTOL PYYYHSH GQBOH
AGZTIQ EYFAX YPMP SQA CI XEYVXNPPAII UV TLFTWMC FU
WBWXGUHIWU. AIIWG HSI YJVTI BJV XMQN SFX DQB LRTY TZ
QTXLNISVZ. GIFT AII UQSJGJ OHZ XFOWFV BKAI CTWY
DSWTLTTTPKFRHG IVX QCAFV TP DIIS JBF ESF JSC MCCF HNGK
ESBP DJPQ NLU CTW ROSB CSM.

Die betreffenden Nachrichten erschienen in einer englischen Zeitung. Man
kann daher durchaus davon ausgehen, dass die Chiffre auf Englisch verfasst
ist. Dies wird dadurch negativ bestätigt, dass es den Buchstaben W enthält ,
der in keiner der lateinischen Sprachen verwendet wird, und dass die letzten
fünfzehn Wörter der Nachricht aus jeweils zwei bis vier Buchstaben
bestehen, was im Deutschen unmöglich ist. Es enthält 108 Gruppen, bei
denen es sich wahrscheinlich um Wörter handelt, da es 473 Buchstaben oder
durchschnittlich 4,4 Buchstaben pro Gruppe gibt, während wir
normalerweise mit einem Durchschnitt von etwa 5 Buchstaben pro Gruppe
rechnen. Die Vokale AEIOU haben die Nummer 90 und die Buchstaben
JKQXZ die Nummer 78. Es handelt sich also um eine Substitutions-Chiffre
(20 % von 473 = 94,6).

Wiederkehrende Wörter und ähnliche Gruppen sind AIIWG , AII ; BKSM ,
BKAI ; CT , CTWY , CTW ; DLMMJXL , DL ; ESF , ESBP ; FJNVX ,
FJHVSI ; NPSI , NPUXQG ; OSB , OSY , ROSB ; OL , OL ; PORTELOGJ
, PO ; SQ , SQA ; TP , TP ; TLBWTPZ , TLFNS , TLFTWMC ; UVZUA ,
UVD , UV ; XMKUL , XMKUHW ; YJL , YJVTI .

Häufigkeitstabelle für die Nachricht

A	B	C	D	E	F	G	H	IC (H)	J	K	L	M	N	Ö	P	Q	R	S	T	U	V	W	X	Y	Z
15	13	15	8	13	20	16	16	30	2	11	23	17	14	19	25	16	13	93	33	13	10	17	12	21	11

Dadurch entfallen die Fälle 4, 5 und 6 eindeutig.

Unter Bezugnahme auf die oben genannten wiederkehrenden Wörter und
Gruppen berechnen wir die Anzahl der Buchstaben zwischen den einzelnen
Wörtern.

AII	... AII	45	= 3×3×5

BK	... BK	345	=	23×3×5
CT	... CT	403		Keine Faktoren
CTW	... CTW	60	=	2×2×3×5
DL	... DL	75	=	3×5×5
ES	... ES	14	=	2×7
FJ	... FJ	187		Keine Faktoren
NP	... NP	14	=	2×7
OL	... OL	120	=	2×2×2×3×5
Betriebssystem	... Betriebssystem	220	=	11×2×2×5
OSB	... OSB	465	=	31×3×5
PO	... PO	105	=	7×3×5
Quadrat	... Quadrat	250	=	2×5×5×5
TLF	... TLF	80	=	2×2×2×2×5
TP	... TP	405	=	3×3×3×3×5
UV	... UV	115	=	23×5
XMKU	... XMKU	120	=	2×2×2×3×5
UV	... UV	73		Keine Faktoren
YJ	... YJ	85	=	17×5

Der dominante Faktor ist eindeutig 5, daher können wir davon ausgehen, dass fünf Alphabete verwendet wurden, was auf ein Schlüsselwort mit fünf Buchstaben hinweist. Wenn wir die Nachricht in Zeilen mit jeweils fünf Buchstaben schreiben und eine Häufigkeitstabelle für jede der fünf so gebildeten Spalten erstellen, finden wir Folgendes:

Häufigkeitstabellen

Spalte 1		Spalte 2		Spalte 3		Spalte 4		Spalte 5	
A	11	A	111111111	A	1	A	1	A	11
B		B	111	B	111	B		B	1111111
C	1111111	C	1	C	111	C	1111	C	
D	11	D	11	D	1	D		D	111
E	1111	E		E	11	E	1111111	E	
F	111	F		F	1111111 11	F	111	F	11111
G	1111111 11	G		G	111	G	11	G	11
H	111	H	11111	H	111	H	111	H	11
ICH	11	ICH	11	ICH	1111111	ICH	11111111111111 111	ICH	11
J	11111	J	1	J	111111	J		J	111111111
K	111111	K	11111	K		K	1	K	1
L		L	111111111111111111 111	L	11	L	11111	L	1
M		M		M	1111111	M	1111	M	111
N	1111111	N	111	N	1111	N		N	11111
Ö	11111	Ö		Ö	1111111 11	Ö	1	Ö	
P	1111111	P	1111111	P	1111111 1	P	1111	P	
Q	11111	Q		Q		Q	11	Q	111111
R		R	1	R	1	R	111111	R	1
S		S	11111111	S	111111	S	111111111111	S	1111111
T	1111111	T	111	T	11111	T	1	T	11111111111 111
U	1111111	U	111	U	111111	U		U	1
V	11111	V		V	11	V	11111	V	
W	111	W	1111	W		W	11111	W	1111111

X	11	X		X	1111	X	11111111	X	111111
Y	1111	Y	11111	Y		Y	111	Y	1111111
Z		Z	11111	Z	111	Z		Z	111

In der Tabelle für Spalte 1 kommt der Buchstabe G neunmal vor. Betrachten wir es vorläufig als E. Wenn dann das Chiffrieralphabet regelmäßig und in der Richtung des regulären Alphabets verläuft, ist C (7-mal) = A und das Chiffrieralphabet weist eine große Ähnlichkeit mit der regulären Häufigkeitstabelle auf. Beachten Sie, dass TUV (= RST) jeweils 7, 7 und 5 Mal auftritt und dass B , L , M , R , S , Z (= Z , J , K , P , Q bzw. X) nicht vorkommen .

In der nächsten Tabelle kommt L 19 Mal vor und setzt es für E , wobei das Alphabet auf die gleiche Weise läuft, A=H . Das erste Wort unserer Nachricht, CT , wird somit zu AM , wenn es mit diesen beiden Alphabeten entschlüsselt wird, und die ersten beiden Buchstaben des Schlüssels sind CH .

In ähnlicher Weise können wir in der dritten Tabelle entweder F oder O für E verwenden , aber eine zufällige Prüfung zeigt, dass ersteres korrekt ist und A=B (selbst wenn wir nach einem Vokal für den nächsten Buchstaben des Schlüsselworts suchen würden).

In der vierten Tabelle I ist eindeutig E und A=E . Die fünfte Tabelle zeigt T=14 und J=9. Wenn wir T=E nehmen , stellen wir fest, dass wir viele Buchstaben haben würden, die nicht vorkommen sollten. Wenn wir andererseits J=E und dann T=O annehmen , und angesichts der vielen E, die bereits in den anderen Spalten berücksichtigt sind, kann dies in Ordnung sein. Es wird als korrekt geprüft, wenn wir die letzten drei Alphabete auf das zweite Wort unserer Nachricht, OSB , anwenden, das NOW entschlüsselt . Indem wir diese Alphabete verwenden, um die gesamte Nachricht zu entschlüsseln, finden wir sie wie folgt:

„MB Ich bin jetzt sicher an Bord eines Lastkahns, der unterhalb der Tower Bridge festgemacht hat, wo niemand auf die Idee kommen wird, nach mir zu suchen. Habe gute Freunde, aber aufgrund der Polizeieinsätze wenig Geld. Vertraue, kleines Mädchen, du glaubst immer noch an meine Unschuld, auch wenn die Dinge gegen mich zu sein scheinen. Es gibt Gründe, warum ich nicht befragt werden sollte. Ich werde versuchen, vor dem Mast eines Schiffes einzusteigen, das nach draußen fährt . Besatzungen werden nicht so streng kontrolliert wie Passagiere. Es gibt diejenigen, die Sie über meine Bewegungen informieren. Ich fürchte, die Polizei könnte Ihre Korrespondenz manipulieren, aber später, wenn das Geschrei verstummt ist, werden Sie alles wissen.“

Der Schlüssel zu dieser Nachricht ist CHBEF , der als Wort nicht verständlich ist, aber wenn er in Zahlen ausgedrückt wird, die anzeigen, dass der 2., 7., 1., 4. und 5. Buchstabe über dem entsprechenden Buchstaben der Nachricht hinaus verwendet wurde, wird der Schlüssel zu 27145 und wir können Verbinden Sie es mit dem „Persönlichen", das am Tag vor der Lektüre in derselben Zeitung erschien:

„MB wird morgen £27 14s 5d einzahlen."

FALL 7-b .

Nachricht

DDLRM	ERGLM	UJTLL	CHERS	LSOEE	SMEJU
DDLRM	ERGLM	UJTLL	CHERS	LSOEE	SMEJU
ZJIMU	DAEES	DUTDB	GUGPN	RCHOB	EQEIE
OOACD	EIOOG	COLJL	PDUVM	IGIYX	QQTOT
DJCPJ	OISLY	DUASI	UPFNE	AECOB	OESHO
BETND	QXUCY	LUQOY	EHYDU	LXPEQ	FIXZE
PDCNZ	ENELQ	MJTSQ	ECFIE	ARNDN	ETSCF
IFQSE	TDDNP	UUZHQ	CDTXQ	IRMER	GLXBE
IQRXJ	FBSQD	LDSVI	XUMTB	AEQEB	YLECO
IYCUD	QTPYS	VOQBL	ULYRO	YHEFM	OYMUY
ROYMU	EQBLV	UBREY	GHYTQ	CMUBR	EQTOF
VSDDU	DAFFS	CEBSV	TIOYE	TCLQX	DVNLQ
XYTSI	MZULX	BAXQR	ECVTD	ETGOB	CCUYF
TTNXL	UNEFS	IVIJR	ZHSBY	LLTSI	

Nach vorläufiger Feststellung haben wir von insgesamt 385 Briefen folgende Anzahl:

A	8	L	23	J	9
E	38	N	11	Q	22
ICH	19	R	14	V	9

Ö	21	S	20	X	13
U	24	T	21	Z	6
Gesamt	110	Gesamt	89	Gesamt	59
	28 %		23 %		15%

Jeder Buchstabe außer K und W kommt mindestens sechsmal vor. Wir können dann sagen, dass es sich um eine Substitutions-Chiffre handelt, um einen spanischen Text, und schon gar nicht um Fall 4, 5 oder 6. Wir werden ihn nun auf wiederkehrende Paare oder Gruppen analysieren, um festzustellen, wie viele Alphabete verwendet wurden, falls es sich um Fall 7 handelt. Das Folgende ist eine vollständige Liste solcher wiederkehrenden Gruppen und Paare mit der Anzahl der dazwischen liegenden Buchstaben und den Faktoren davon. Bei Arbeiten dieser Art sind Gruppen aus drei oder mehr Buchstaben immer viel wertvoller als einzelne Paare. Beispielsweise zeigen die Gruppen HOBE , OYMU , RMERGL und UBRE ohne Frage, dass sechs Alphabete verwendet wurden. Es ist in der Regel nicht erforderlich, eine vollständige Liste wie die folgende zu erstellen:

AE	74=2×37	IE	110=2×5×11	RE	50=2×5×5
AE	120=2×2×2×3×5	ICH BIN	302=2×151	RMERGL	198=2×3×3×11
SEI	88=2×2×2×11	IO	250=2×5×5×5	SC	132=2×2×3×11
CD	132=2×2×3×11	IX	78=2×3×13	SD	262=2×131
CFI	12=2×2×3	LY	158=2×79	SI	230=2×5×23
CH	36=2×2×3×3	JT	150=2×3×5×5	SI	34=2×17
CO	42=2×3×7	LL	367 Keine Faktoren	SI	264=2×2×2×3×11
CO	126=2×3×3×7	LQ	164=2×2×41	SI	12=2×2×3
CU	114=2×3×19	LQX	6=2×3	SL	78=2×3×13
DD	186=2×3×31	LU	124=2×2×31	Quadrat	54=2×3×3×3
DD	116=2×2×29	LU	110=2×5×11	SV	27=3×3×3
DE	285=5×57	LU	234=2×3×3×13	SV	63=3×3×7
DL	218=2×109	LX	66=2×3×11	SV	90=2×3×3×5
DN	14=2×7	LXB	132=2×2×3×11	TD	47 Keine Faktoren
DQ	120=2×2×2×3×5	LY	158=2×79	TD	165=3×5×11
DU	36=2×2×3×3	MICH	22=2×11	TD	96=2×2×2×2×2×3
DU	24=2×2×2×3	MU	24=2×2×2×3	TN	239 Keine Faktoren
DU	38=2×19	MU	240=2×2×2×2×3×5	TS	14=2×7
DU	165=3×5×11	MU	18=2×3×3	TS	156=2×2×3×13
EA	30=2×3×5	ND	47 Keine Faktoren	TSI	50=2×5×5
EB	78=2×3×13	NE	48=2×2×2×2×3	UBRE	12=2×2×3
EC	180=2×2×3×3×5	NE	18=2×3×3	UD	60=2×2×3×5
ÖKO	126=2×3×3×7	NE	192=2×2×2×2×2×2×3	UDA	270=2×3×3×3×5
EES	14=2×7	OB	6=2×3	UL	114=2×3×19
EF	105=3×5×7	OB	234=2×3×3×13	ULX	198=2×3×3×11
EI	8=2×2×2	OE	93=3×31	UY	89 Keine Faktoren

EI	152=2×2×2×19	OI	144=2×2×2×2×3×3	UZ	162=2×3×3×3×3
EQ	88=2×2×2×11	OO	7 Keine Faktoren	VI	148=2×2×37
EQ	264=2×2×2×3×11	OY	6=2×3	VT	33=3×11
EQ	44=2×2×11	OY	46=2×23	XQ	114=2×3×19
EQE	176=2×2×2×2×11	OYMU	6=2×3	XQ	144=2×2×2×2×3×3
ER	12=2×2×3	PD	75=3×5×5	XU	99=3×3×11
ES	78=2×3×13	QBL	24=2×2×2×3	IHR	184=2×2×2×23
UND	135=3×3×5	QC	95=5×19	YL	106=2×53
UND	9=3×3	QE	108=2×2×3×3×3	YL	144=2×2×2×2×3×3
UND	54=2×3×3×3	QE	68=2×2×17	YM	6=2×3
UND	31 Keine Faktoren	QR	132=2×2×3×11	YRO	12=2×2×3
ER	245=5×7×7	QTO	210=2×3×5×7	Z.E	6=2×3
HOBE	66=2×3×11	QX	198=2×3×3×11	ZH	183=3×61

Von einhundertein wiederkehrenden Paaren haben wir fünfzig mit den Faktoren 2×3=6; von zwölf wiederkehrenden Drillingen weisen neun diese Faktoren auf; und die vier wiederkehrenden Gruppen von vier oder mehr Buchstaben weisen alle diese Faktoren auf. Die Prozentsätze betragen 49,5 %, 75 % bzw. 100 % und wir können daraus sicher schließen, dass sechs Alphabete verwendet wurden. Doch bevor die sechs Häufigkeitstabellen erstellt werden, muss noch ein weiterer Punkt berücksichtigt werden; Warum gibt es so viele wiederkehrende Gruppen, bei denen die Sechs nicht der Faktor ist? Die Antwort ist, dass eines oder mehrere der Alphabete in jedem Zyklus wiederholt werden; das heißt, es wurde ein Schlüsselwort der Form HAVANA verwendet. Wenn dies das Schlüsselwort wäre, wären das zweite, vierte und sechste Alphabet gleich. Wir werden später sehen, dass in diesem Beispiel das zweite und sechste Alphabet gleich sind und dies die große Anzahl wiederkehrender Gruppen ohne den Faktor 6 einführt.

Wir werden nun für jedes Alphabet eine Häufigkeitstabelle erstellen. Da die Botschaft in dreißig Spalten geschrieben ist, betrachten wir die erste, siebte, dreizehnte usw. als das erste Alphabet; die zweite, achte, vierzehnte usw., die das zweite Alphabet bilden und so weiter. Der Präfix- und Suffixbuchstabe wird für jedes Vorkommen jedes Buchstabens notiert. Wie wichtig dies ist, wird deutlich, wenn man die Form der Häufigkeitstabellen untersucht. Keine hat irgendeine Ähnlichkeit mit der normalen Häufigkeitstabelle, außer dass es sich bei jeder davon offensichtlich um ein verwechseltes Alphabet handelt.

Die Zahlen nach „Präfix" und „Suffix" beziehen sich zur besseren späteren Bezugnahme auf das Alphabet, zu dem sie gehören.

Häufigkeitstabellen

Erstes Alphabet

	Brief		Präfix (6)	Suffix (2)
A	111	3	BLINDGÄNGER	ESF
B	11111111	8	OOOOFEEOS	EOESYSCY
C		0		
D	1111	4	TYT	DJUD
E	1	1	E	S
F		0		
G		0		
H		0		
ICH	11111111	8	EOFFEOVS	OSEFQYJ
J		0		
L	1	1	Ö	J
M	1	1	F	Ö
N	1111	4	FEDU	EEEEE
Ö	1	1	E	Ö
P	11	2	GE	ND
Q	1111	4	UEOE	OFBB
R	1111111	7	EEEYYBB	GSGOOEE
S	1	1	D	V
T	11111111	8	JUJMQYVF	LDSBPQDT
U		0		
V	11	2	UF	MS
X	111111	6	YQTQQA	QUQDYQ
Y	1	1	Ö	E
Z	111	3	UUM	JHU

Zweites Alphabet

	Brief		Präfix (1)	Suffix (3)
A		0		
B	111	3	TQQ	ALLE
C	1	1	B	C
D	111111	6	DTPDXT	LBCNVE
E	111111111111	11	ABNBNINRRYN	EOATLATYQTF
F	111	3	QIA	IQF
G	11	2	RR	LL
H	1	1	Z	Ö
ICH		0		
J	1111	4	ZLDI	ILCR
L	1	1	T	L
M	1	1	V	ICH
N	1	1	P	R
Ö	1111111	7	OIBQRMR	AOEYYYY
P	1	1	T	Y
Q	11111	5	XXITX	OIRCR
R		0		
S	11111111	8	REIATBVB	LMLIQQDV
T	1	1	T	N
U	111	3	XDZ	CLL
V	1	1	S	ICH
X		0		
Y	1111	4	BIXB	LCTL
Z		0		

Erstes Alphabet

	Brief	Präfix (6)	Suffix (2)

Zweites Alphabet

	Brief	Präfix (1)	Suffix (3)

Drittes Alphabet

	Brief		Präfix (2)	Suffix (4)
A	1111	4	OEEB	CERE
B	1	1	D	G
C	111111	6	JUDYQC	PYNUMU
D	1	1	S	D
E	111	3	EOD	SST
F	11	2	FE	SS
G		0		
H		0		
ICH	111111	6	JMSFQV	MGUXRX
J		0		
L	11111111111111	14	DGLSJSUEGYBBUY	RMCSPYXQXEUVXL
M	1	1	S	E
N	11	2	DT	PX
Ö	1	1	Ö	G
P		0		
Q	1111111	7	EQSFHSE	ETESCDT
R	1111	4	NQQJ	CXEZ
S		0		
T	1111	4	EEEEY	NSCS
U		0		
V	11	2	SD	TN
X		0		
Y	111111	6	OPOOOO	ESHMMG
Z		0		

Viertes Alphabet

	Brief		Präfix (3)	Suffix (5)
A		0		
B		0		
C	11111	5	LRAQT	HHDDL
D	11	2	QD	LU
E	11111111	8	MQAYQALR	JICHCQCC
F		0		
G	1111	4	Junge	UCIH
H	1	1	Y	E
ICH		0		
J		0		
L	1	1	L	T
M	11111	5	LIYYC	UUUUU
N	111	3	TCV	DZL
Ö		0		
P	111	3	LCN	DJU
Q	1	1	L	M
R	111	3	LAI	MNM
S	111111111	9	LEETQYFTF	ODHCEVCII
T	1111	4	QQVE	OOIG
U	1111	4	ICLC	PDLY
V	1	1	L	U
X	1111111	7	LIRLILN	PZBUBL
Y	11	2	LC	DLJ
Z	1	1	R	H

Fünftes Alphabet

	Brief	Präfix (4)	Suffix (6)

Sechstes Alphabet

	Brief	Präfix (5)	Suffix (1)

	Brief		Präfix (6)	Suffix (2)		Brief		Präfix (1)	Suffix (3)
A		0			A	1	1	B	X
B	11	2	XX	EA	B	11	2	UU	RR
C	1111111	7	GDDSDSD	OOFFOEV	C		0		
D	111111	6	SCPYNCU	UEUUQTQ	D	1111	4	UNLU	ANSA
E	11	2	Sch	TP	E	1111111111111	13	MHOIDPZZMBQUC	RREOIQPNRIBQB
F		0			F	1111111	7	PCCJEOC	NIIBMVT
G	1	1	U	T	G	1	1	U	P
H	111111	6	CCSDGZ	EOOYYS	H		0		
ICH	11111	5	EGTSS	EYOMV	ICH		0		
J	111	3	EPX	UOP	J	11	2	ÄH	TT
L	111111	6	YDUCNX	UDYQQU	L		0		
M	111	3	RQR	EJE	M	11	2	Benutzeroberfläche	TZ
N	1	1	R	D	N		0		
Ö	111	3	STT	ETF	Ö	111111111	9	HCJCHCVIG	BLIBBIQYB
P	11	2	UX	FE	P		0		
Q	1	1	E	E	Q	1111	4	DDLL	XTXX
R		0			R		0		
S		0			S	11	2	HT	BI
T	1	1	L	S	T	111	3	OED	DDX
U	1111111111	10	MMGPXMMVMD	JDGUMYEBBD	U	1111111	7	JDDDLUL	ZTVAQZN
V	1	1	S	Ö	V	11	2	CI	TI
X		0			X	1	0	ICH	
Y	1	1	U	F	Y	11111	5	IHLUH	XDRRT
Z	11	2	XN	EE	Z		0		

Wir werden nun einige der Bestimmungen darlegen, die anhand dieser Häufigkeitstabellen sofort getroffen werden können. Offensichtlich wurden mehrere gemischte Alphabete verwendet. Wie aus der Analyse der wiederkehrenden Gruppen zu erwarten war, stellen wir fest, dass die Häufigkeitstabellen für die Alphabete 2 und 6 von nahezu derselben allgemeinen Form sind, dass diese beiden Alphabete mit Sicherheit ein und dasselbe sind. Wenn ein spanisches Wort als Schlüsselwort verwendet wurde, bedeutet dies, dass A in diesen beiden Alphabeten wahrscheinlich durch einen Vokal dargestellt wird und wahrscheinlich A oder O entspricht , da diese beiden Buchstaben im Spanischen so häufig vorkommen.

1. Alphabet. Wahrscheinliche Vokale T , X ; wahrscheinliche gemeinsame Konsonanten, B , I , N , R . Wir schließen dies aufgrund der Häufigkeit des Auftretens von T und X und der Vielfalt ihrer Präfixe und Suffixe. Andererseits B , I , N und R haben für Präfixe und Suffixe in den meisten Fällen E , F , O und S , die die wahrscheinlichen Vokale im 2. und 6. Alphabet sind.

2. und 6. Alphabet. – Wahrscheinliche Vokale E , F , O , S ; wahrscheinliche gemeinsame Konsonanten, D , J , Q , U , Y .

3D- Alphabet. – Wahrscheinliche Vokale C , I , L ; wahrscheinliche gemeinsame Konsonanten A , Q , T , Y.

4. Alphabet. – Wahrscheinliche Vokale, E , G , S , T ; wahrscheinliche gemeinsame Konsonanten, C , M , N , P , U , X.

5. Alphabet. – Wahrscheinliche Vokale, D , L , U ; wahrscheinliche gemeinsame Konsonanten, C , H , I.

Nun könnte diese Chiffre aus fünf verschiedenen Alphabeten mit zufällig ausgewählten Buchstaben bestehen, aber es ist viel wahrscheinlicher, dass sie mit einer Chiffrierscheibe oder einem Äquivalent erstellt wurde, wobei sich das reguläre Alphabet auf der festen Scheibe und das gemischte Alphabet auf der beweglichen Scheibe befand . Eine äquivalente Form eines Apparats (der nicht das betreffende gemischte Alphabet verwendet) sieht folgendermaßen aus:

Festes Textalphabet

ABCDEFGHIJLMNOPQRSTUVXYZABCDEFGHIJLMNOPQRSTU VXYZ

PCJVRQZBAODFSUTMXIYHLGEN

Bewegliches Chiffrieralphabet

Hier wird A des Klartextes durch S verschlüsselt und die anderen Buchstaben kommen wie sie wollen. Wenn wir das Chiffrieralphabet um eine Stelle nach links verschieben, wird A durch U verschlüsselt und die gesamte Reihenfolge des Alphabets wird geändert.

Wir werden daher eine solche Form wie oben verwenden und sehen, ob wir unsere Buchstaben so einfügen können, wie sie bestimmt sind, sodass alle Chiffrierzettel identisch sind. Wir können so beginnen:

ABCDEFGHIJLMNOPQRSTUVXYZABCDEFGHIJLMNOPQ
RSTUVXYZ

1.   t x
Alphab
et

2d   ol qei ms d c u

3d   ol qei ms d c u

4   ol qei ms d c u

5   d c u ol qei MS

6   ol qei ms d c u

Im 1. Alphabet werden T und X aufgrund der Häufigkeit als A bzw. E platziert . Im 2. und 6. Alphabet werden O und E aufgrund der Häufigkeit als A bzw. E platziert . Im 4. Alphabet werden E und S als A und E platziert , und im 5. Alphabet werden D , U und L aus dem gleichen Grund als A , E und O platziert . Wir haben jetzt einen Überschuss an E und einen Mangel an A, was korrigiert wird, wenn wir im 3D-Alphabet L , I und C als A , E bzw. O platzieren . Zur Kontrolle erhalten wir TOLEDO als Schlüsselwort.

Im zweiten Alphabet steht O vier Buchstaben links von E ; wir können O vier Buchstaben links von E im vierten Platz platzieren und es kommt unter V. Beachten Sie, dass in der vierten Häufigkeitstabelle O (= V) nicht vorkommt. Auf die gleiche Weise steht im vierten Alphabet S für vier Buchstaben rechts von E ; Wenn wir es im zweiten und sechsten an die gleiche Position in Bezug auf E setzen, haben wir S unter I . Wir haben bereits festgestellt, dass S in diesen beiden Alphabeten wahrscheinlich einen Vokal darstellt. Auf diese Weise können wir D und U von ihrer Position in der Quinte in Bezug auf L zum dritten Alphabet hinzufügen und wir können I und O von ihrer Position in der Terz in Bezug auf L zur Quinte hinzufügen . In jedem Fall überprüfen wir die Ergebnisse anhand der Häufigkeitstabellen und finden in den Ergebnissen nichts Ungewöhnliches.

Versuchen wir es nun im zweiten und sechsten Schritt mit Q , D und U als D , N bzw. R. Wir können diese Buchstaben dem dritten, vierten und fünften Alphabet hinzufügen, indem wir die Anzahl der Buchstaben rechts oder links von einem bereits festgelegten Buchstaben beobachten. Wir fügen nun L zur

Sekunde, Terz, Quarte und Sexte hinzu, ausgehend von seiner Position in Bezug auf D und U in der Quinte. M ist wahrscheinlich D im vierten und wir können es jedem Alphabet außer dem ersten auf die gleiche Weise hinzufügen. Die Tabelle ist nun wie abgebildet vollständig.

Probieren wir diese Buchstaben in der ersten Zeile der Nachricht aus und sehen wir, ob einige andere Buchstaben selbstverständlich sind.

Alphabet   1 2 3 4 5 6 1 2 3 4 5 6 1 2 3 4 5 6 1 2   3 4 5 6 1 2   3 4 5 6

Nachricht   D D L R M E R G L M U J T L L C H E R S   L S Ö E E S   M E J U

Entschlüsselt _ N A _ U E _ _ A D E _ A B A L _ E _ ICH A E N E _ ICH G A _ R

Wenn wir unsere Häufigkeitstabellen zur Überprüfung von Vermutungen heranziehen, stellen wir fest, dass alles gut genug übereinstimmt, wenn wir davon ausgehen, dass die erste Zeile lautet:

U NA F UE RZ A DE C ABAL L E R IA ENE M IGA

Wir tragen nun die neu gefundenen Buchstaben in die Tabelle ein. Die bisher gefundenen Buchstaben sind in Großbuchstaben und die neuen Buchstaben in Kleinbuchstaben geschrieben. Der Zusatz von D (=U) zum ersten Alphabet ermöglicht es uns, alle Buchstaben der anderen Alphabete mit den bereits besprochenen Methoden zum ersten hinzuzufügen. Jeder der anderen Buchstaben kann dann mit den folgenden Methoden zu jedem Alphabet hinzugefügt werden:

ABCDEFGHIJLMNOPQRSTUVXYZABCDEFGHIJLMNOPQRST
UVXYZ

1 T xhgoljqei msr d c u

2 t xhgOLjQEI MSr D C U
d

3 t xhgOLjQEI MSr D C U
d

4 t xhgOLjQEI MSr D C U

5 t xhgOLjQEI MSr D C U

6 t xhgOLjQEI MSr D C U

überprüft ein Alphabet ein anderes und wir finden, dass bisher alles passt. Wir werden noch ein paar Wörter der Chiffriernachricht mit den oben genannten Alphabeten entschlüsseln und sehen, ob wir einige neue Buchstaben bestimmen können.

Alphabet

5612345612345612345612345612345612345612345612345612

Nachricht

JUZJIMUDAEESDUTDBGUGPNRCHOBEQEIEOOACDEIOOGC OLJLPDUVMIGIYXQ

Entschlüsselt

PR_CEDEN_EDEARAU__UEZ_ILLA_ECASEHA_LAENAZUCAIC A_AR_HEUS_ED

Unter erneuter Bezugnahme auf die Häufigkeitstabellen lautet das erste Wort offensichtlich PRO O_CEDEN T_E . Wir haben auch HA L_LA und M_AR C_HEUS T_ED . Der Buchstabe B kann aus einer anderen Verschlüsselungsgruppe bestimmt werden, JF B_SQDLD (56 1_23456) = PO S_ICION . Der Buchstabe N kann aus BET N_DQXUC (123 4_56123) = SER R_ADERO bestimmt werden . Die Buchstaben F und Y können aus JCPJOISL Y_DUASIUP F_(23456123 4_5612345 6_)= ermittelt werden COMPANIA PARTIENDO . Die vervollständigten Alphabete, wie zuvor geordnet, sind:

ABCDEFGHIJLMNOPQRSTUVXYZABCDEFGHIJLMNOPQRST UVXYZ

1 TYVNXHGOLJQEIZMSRBADFCPU

2 TYVNXHGOLJQEIZMSRBADFCPU
d

3 TYVNXHGOLJQEIZMSRBADFCPU
d

4 TYVNXHGOLJQEIZMSRBADFCPU

5 TYVNXHGOLJQEIZMSRBADFCPU

6 TYVNXHGOLJQEIZMSRBADFCPU

Das Schlüsselwort ist TOLEDO und die vollständig entschlüsselte Botschaft lautet:

„Ein feindliches Vorgehen zwischen Aranjuez und Villaseca wird in Azucaica gefeiert . Die Marken kamen mit ihrer Unternehmensgruppe aus der Casa de la Serradero aus den Höhen des Ostens und des Nordens von Azucaica zusammen , um die Zahl und die Zahl der Fuerzas zu klären und zu disponieren , was sie erwarteten. (Q) Esta acantonada (Q) Se hallan otras tropas tropas detras de ella (Q). Das Aufklärungsergebnis erforderte drei Stunden und Medien, sobald es soweit war . Pongo a sus ordenes un ciclista (X) Fin.“

Sonderlösung für Fall 7

Wenn eine kurze Nachricht mit einem langen Schlüsselwort verschlüsselt wird, können die bereits besprochenen Analysemethoden versagen; Erstens, weil es keine wiederkehrenden Paare gibt, die die Anzahl der verwendeten Alphabete angeben, und zweitens, weil jedes Alphabet so wenige Buchstaben enthält, dass die Methoden von Fall 6 nicht einfach angewendet werden können.

Wenn wir jedoch ein Wort, vorzugsweise ein ziemlich langes, im Chiffretext kennen oder richtig annehmen, ist die Lösung sehr einfach. Es wird beispielsweise angenommen, dass sich die folgende Nachricht auf „reënforcements“ bezieht und dieses Wort enthält.

YANZV	ZNLPP	KQFXI	JBPWA
NRUQP	EPLOM	CCWHM	ICH

Nehmen wir an, dass REINFORCEMENTS das erste Wort ist und durch die Chiffriergruppe YANZVZNLPPKQFX repräsentiert wird . Wir können den Test in dieser tabellarischen Form durchführen und dabei eine Chiffrierscheibe und eine Larrabee-Chiffrierkarte verwenden, um den Wert von A für jeden Buchstaben unter diesen beiden Systemen zu bestimmen. Alle anderen vermuteten Alphabete können gleichzeitig ausprobiert werden.

Wenn

Y A N Z V Z N L P P K Q F X

gleicht

R E ICH N F Ö R C E M E N T S

A mit Chiffrierscheibe gleich

P E R M A N E N T B Ö D Y P

und in der Vigenere- Chiffre ist A gleich

H W F M Q L W J L D G D M F

Es ist offensichtlich, dass die Vermutung hinsichtlich des Auftretens des Wortes REINFORCEMENTS richtig war, dass es sich um das erste Wort der Nachricht handelt, dass die Chiffrierscheibe zur Vorbereitung der Chiffre verwendet wurde und dass die Schlüsselwörter PERMANENT BODY lauten .

Dies ist natürlich ein besonders günstiger Fall und wir werden einen weniger günstigen Fall heranziehen, um zu zeigen, wie diese Methode angewendet werden kann.

Zwei mexikanische Häuptlinge, A und B, haben mit dem folgenden Chiffrieralphabet kommuniziert:

Klartext ABCDEFGHIJLMNOPQRSTUVXYZ

Chiffre PCJVRQZBAODFSUTMXIYHLGEN

Dieses Alphabet wurde aus vielen Funksprüchen von A, dem Vorgesetzten, an B, seinen Untergebenen, ermittelt, der eine Streitmacht von etwa 2.000 Mann in der Nähe der Grenze hat. A verwendet die Form ORDENO QUE anstelle des bekannteren MANDO QUE in allen seinen Befehlsnachrichten an B. Die folgende Nachricht wird von A von Bs Radiostation (und anderen Abhörstationen) empfangen und etwa eine Stunde später gibt es eine ganze Menge davon Lärm und Bewegung, als würde Bs Truppe das Lager aufbrechen.

IIHAH   YDXRP EGQGV JJEEE HOBGV

GJCAG   XAESA VVXLE IILHM PSQAG

BDGAV GSQAZ

Dies ist eine Substitutions-Chiffre, aber es handelt sich nicht um Fall 6, bei dem das übliche Alphabet der Kommunikation von A nach B verwendet wird, und tatsächlich handelt es sich überhaupt nicht um Fall 6. Die wiederkehrenden Paare und Tripletts deuten auf ein Schlüsselwort mit zehn Buchstaben hin, und dies würde uns im Fall 7 nur sechs Buchstaben pro Alphabet ergeben.

Die Vorbereitungen für einen Umzug lassen vermuten, dass A B einen Befehl gegeben hat und er in diesem Fall wahrscheinlich den Ausdruck ORDENO QUE in der Nachricht verwendet hat. Wir werden die ersten neun

Buchstaben der Nachricht wie im anderen Beispiel ausprobieren und zunächst eine Chiffrierscheibe oder eine entsprechende Schiebeanordnung vorbereiten, auf der sich das normalerweise zwischen diesen Häuptlingen verwendete Alphabet oder die AB-Chiffre befindet.

Korrigiertes Chiffrieralphabet

PCJVRQZBAODFSUTMXIYHLGENPCJVRQZBAODFSUTMXIYH
LGEN

ABCDEFGHIJLMNOPQRSTUVXYZ

Verschiebbares Klartext-Alphabet

AB-Chiffre

Wenn ICH gleicht Ö dann ist A gleich R

ICH	R	C
H	D	X
A	E	R
H	N	B
Y	Ö	Q

Offensichtlich steht hier nichts, und die vermuteten Wörter stehen, sofern sie vorkommen, in der Mitte der Nachricht. Wir können sofort zur Kombination PEGQGV übergehen, da die vorangehenden Buchstaben nicht ORDENO QUE ergeben . Wir versuchen dies ohne Ergebnis und fahren mit EGQGVJ , GQGVJJ , QGVJJE , GVJJEE , VJJEEE , JJEEEH , JEEEHO , EEEHOB , EEHOBG , EHOBGV , HOBGVG , OBGVGJ , BGVGJC , GVGJCA , VGJCAG fort , alles ohne Ergebnis. Diese Arbeit erfordert weniger Zeit als man sich vorstellen kann und kann auf mehrere Bediener aufgeteilt werden. Kommen wir nun zur nächsten Kombination GJCAGX . Wir fügen die nächsten drei Buchstaben, AES , gegen QUE hinzu

.

Wenn

G J C A G X A E S

gleicht

Ö R D E N Ö Q U E

Dann ist in der AB-Chiffre A gleich

A D E R Ö V ICH V A

Der Schlüssel ist gefunden; VIVA_ADERO und ein Versuch mit M im leeren Feld zeigen korrekte Ergebnisse. Dies bestätigt unsere Theorie, dass ein Schlüsselwort mit zehn Buchstaben verwendet wurde, und entschlüsselt die Botschaft, die wir haben:

PARA EL ATAQUE CONTRA TORREON ORDENO QUE SUS TROPAS MARCHEN ESTE NOCHE X.

Der Grund für den Lagerabbruch ist nun klar.

Diese Methode kann mit einigem Aufwand auf kurze Wörter wie THE , AND usw. angewendet werden. Teile des Schlüssels erscheinen immer dann, wenn ein vermutetes Wort in der Nachricht gefunden wird, und der gesamte Schlüssel kann zusammengestellt werden, wenn genügend Teile verfügbar sind. Auch wenn nur ein Teil des Schlüssels auf diese Weise wiederhergestellt werden kann, führt dies immer zur endgültigen Lösung der Chiffre durch Versuche mit dem teilweise wiederhergestellten Schlüssel in der Nachricht Buchstabe für Buchstabe.

Als Beispiel für die Wiederherstellung eines Schlüssels durch die Verwendung kurzer gebräuchlicher Wörter verweisen wir auf die Nachricht von Fall 7-a . In dieser Nachricht gibt es vierundzwanzig Gruppen mit jeweils drei Buchstaben und wir werden sie gegen THE , ARE und YOU testen , vorausgesetzt, dass die Vigenere- Chiffre verwendet wird.

	1	2	3	4	5	6	7	8	9	10	11	12
Wenn	OSB	VOI	GSW	CYY	ZSZ	BVJ	XLD	OSY	UVD	YJL	SQA	HSI
gleich	DER	DER	DER	DER	DER	DER	DER	DER	DER	DER	DER	DER
oder	SIND	SIND	SIND	SIND	SIND	SIND	SIND	SIND	SIND	SIND	SIND	SIND
oder	DU	DU	DU	DU	DU	DU	DU	DU	DU	DU	DU	DU
dann ist A gleich	VLX	CHE	NLS	JRU	GLV	IOFZ	AWZ	VLU	BOZ	FCH	ZJW	OLE

oder	OBX	VXE	GBS	CHU	ZBV	BEF	XUZ	OBU	UEZ	YSH	SZW	HBE
oder	QEH	XAO	IEC	EKE	BEF	DHP	ZXJ	QEE	WHJ	AVR	UCG	JEO

	13	14	15	16	17	18	19	20	21	22	23	24
Wenn	BJV	SFX	DQB	AII	OHZ	IVX	JBF	ESF	JSC	NLU	CTW	CSM
gleicht	DER	DER	DER	DER	DER	DER	DER	DER	DER	DER	DER	DER
oder	SIND	SIND	SIND	SIND	SIND	SIND	SIND	SIND	SIND	SIND	SIND	SIND
oder	DU	DU	DU	DU	DU	DU	DU	DU	DU	DU	DU	DU
dann ist A gleich	ICR	ZYT	KJX	HBE	VAV	TOPF	QUB	LLB	QLY	UEQ	JMS	JLI
oder	BSR	SOT	DZX	SIND	OQV	IET	JKB	EBBE	JBY	NUQ	CCS	CBI
oder	DVB	URD	FCH	YUO	QTF	KHD	LNL	GEL	LEI	PXA	EFC	EES

In Spalte 5 haben wir für SIE den Schlüssel BEF ; Spalte 6 gibt den gleichen Schlüssel für ARE an ; Spalte 10 gibt den Schlüssel FCH für THE und Spalte 15 den gleichen Schlüssel für YOU an ; Spalte 12 gibt den Schlüssel HBE für ARE und Spalte 16 den gleichen Schlüssel für THE an ; Spalte 23 gibt den Schlüssel- EFC für SIE an . Der einzig mögliche Schlüssel für die Nachricht ist ein fünfbuchstabiger Schlüssel, der aus den Buchstaben BEFCH oder EFCHB oder FCHBE oder CHBEF oder HBEFC besteht . Wenn der Schlüssel in diesem Fall ein Wort wäre, hätten wir keine Schwierigkeiten, ihn zu bestimmen; So wie es ist, stellt die Sache keine wirklichen Schwierigkeiten dar, da wir die Nachricht nun in Blöcke zu je fünf Buchstaben unterteilen und beachten können, dass ZSZ (= YOU) den 3., 4. und 5. Buchstaben einer Gruppe bilden. Die entsprechenden Schlüsselbuchstaben BEF sind dann der 3., 4. und 5. Buchstabe des Schlüssels, der CHBEF lauten muss .

Diese spezielle Lösung für Fall 7 hängt so stark von der Intuition des Bedieners bei der Wortwahl ab, dass es im Allgemeinen nicht ratsam ist, es zu verwenden, es sei denn, die Nachricht ist sehr kurz und die regulären Analysemethoden wurden erfolglos ausprobiert. Es ist jedoch eine wunderbare Abkürzung in schwierigen Fällen, in denen die anderen Methoden versagen.

1 Die verwendete Methode ist aus mehreren Gründen nicht die zufriedenstellendste. Eine bessere Methode besteht darin, die Nachricht in Vielfachen des Schlüssels zu schreiben und die Spalten wie bereits beschrieben zu verschlüsseln. ↑

8. Die Playfair-Chiffre. Dies ist die englische militärische Feldchiffre; Da die Methode in englischen Militärhandbüchern veröffentlicht ist und es sich um eine Verschlüsselung mit nachgewiesener Zuverlässigkeit handelt, kann sie bei der allgemeinen Verschlüsselungsarbeit eingesetzt werden. Die Playfair-Verschlüsselung arbeitet mit einem Schlüsselwort; Je zwei Buchstaben des Textes werden durch zwei Buchstaben ersetzt.

Die Playfair-Chiffre kann an folgenden Punkten erkannt werden: (a) Es handelt sich um eine Substitutions-Chiffre, (b) sie enthält immer eine gerade Anzahl von Buchstaben, (c) wenn die Chiffre in Gruppen zu je zwei Buchstaben unterteilt ist, besteht keine Gruppe der Wiederholung des gleichen Buchstabens wie SS oder BB , (d) es kommt zu einer Wiederholung von Paaren in der gesamten Nachricht, wobei im Allgemeinen die Häufigkeitstabelle der Digraphen von Paaren befolgt wird, (e) in kurzen Nachrichten kann es zu einer Wiederholung von kommen Chiffriergruppen, die Wörter oder sogar Phrasen darstellen, und diese werden immer in langen Nachrichten gefunden.

Bei der Erstellung einer Chiffre nach dieser Methode wird von den Korrespondenten ein Schlüsselwort ausgewählt. Ein großes Quadrat, das in 25 kleinere Quadrate unterteilt ist, wird wie unten gezeigt konstruiert und die Buchstaben des Schlüsselworts werden beginnend in der oberen linken Ecke eingeschrieben. Kommt ein Buchstabe im Schlüsselwort wieder vor, wird er nur beim ersten Vorkommen verwendet. Die restlichen Buchstaben des Alphabets werden zum Auffüllen des Quadrats verwendet. Es ist üblich, I und J in dieser Chiffre als einen Buchstaben zu betrachten und sie zusammen im selben Quadrat zu schreiben.

Wenn das gewählte Schlüsselwort LEAVENWORTH ist , würde das Quadrat wie folgt aufgebaut sein:

L	E	A	V	N
W	Ö	R	T	H
B	C	D	F	G
IJ	K	M	P	Q
S	U	X	Y	Z

Der Text der zu versendenden Nachricht wird dann in Gruppen zu je zwei Buchstaben aufgeteilt und für jedes Paar werden Äquivalente gefunden.

Jedes Buchstabenpaar im Quadrat muss: Entweder (1) in derselben vertikalen Linie stehen. So wird im obigen Beispiel jeder Buchstabe durch den nächst darunter stehenden Buchstaben chiffriert und der unterste Buchstabe durch den obersten Buchstaben derselben Spalte; Beispielsweise wird TY durch FV dargestellt .

Oder (2) in derselben horizontalen Linie. Jeder Buchstabe wird in diesem Fall durch den Buchstaben dargestellt, der ihm rechts am nächsten steht, und der Buchstabe ganz rechts durch den Buchstaben ganz links auf derselben horizontalen Linie wie er; zum Beispiel RH wird durch TW repräsentiert .

Oder (3) an gegenüberliegenden Ecken eines Rechtecks. Jeder Buchstabe des Paares wird durch den Buchstaben in der anderen Ecke des Rechtecks in derselben horizontalen Linie dargestellt; zum Beispiel TS wird durch WY vertreten .

Wenn sich beim Teilen der Buchstaben des Textes in Paare herausstellt, dass ein Paar aus wiederholten gleichen Buchstaben besteht, sollte ein Blindbuchstabe wie X , Y oder Z eingeführt werden, um die ähnlichen Buchstaben zu trennen.

Wenn die zu sendende Nachricht lauten würde: „Der Feind bewegt sich im Morgengrauen", würde sie in Paare unterteilt:

TH EX DE EM YM OV ES BEI DA   WN

und verschlüsselt: HW AU AL AK XP TE LU VR HERR HL

Die Nachricht wird dann zur Übermittlung in Gruppen zu je fünf Buchstaben aufgeteilt.

Um ein solches Kryptogramm zu entschlüsseln (in Kenntnis des Schlüsselworts), teilt der Empfänger es in Paare auf und findet aus seiner Tabelle das Äquivalent dieser Paare, indem er den Buchstaben direkt darüber nimmt, wenn sie sich in derselben vertikalen Linie befinden; diejenigen unmittelbar links, wenn sie sich in derselben horizontalen Linie befinden; und diejenigen in entgegengesetzten Winkeln des Rechtecks, wenn dieses gebildet wird.

Aus der vorstehenden Beschreibung geht hervor, dass jeder Buchstabe des Klartextes in der Chiffre durch einen von fünf Buchstaben dargestellt werden kann, nämlich: Der nächste darunter und die anderen vier Buchstaben in derselben horizontalen Linie mit ihm im Quadrat. Nehmen Sie zum Beispiel den Buchstaben D des Klartextes in Kombination mit jedem der anderen Buchstaben des Alphabets. Mit dem Schlüssel LEAVENWORTH haben wir :

DA D Gleich D D G D D D D D D T   D D D D D D D D D D D D
    B strom   E F D H I K L M N U   P Q R S T U V W X Y Z
                                N

HE F FD   C F F G B C B M G C   F G M B F C F B M F G
RR C   A G B R M M A X A R   M M D X R X A R A X X

Dies ergibt D dargestellt durch B C F G M

                        4 4 8 4 4 mal,

und, verbunden mit diesen fünf Buchstaben, die D darstellen ,

wir haben   A   R   D   M   X   B   C   G

                 5   5   2   4   5   1   1   1   mal.

Beachten Sie, dass es sich bei diesen Buchstaben um die Buchstaben der
vertikalen Spalte mit D sowie die Buchstaben B , C und G der horizontalen
Zeile mit D handelt .

Leutnant. Frank Moorman von der US-Armee hat eine Methode zur
Bestimmung der Buchstaben entwickelt, aus denen das Schlüsselwort in einer
Playfair-Chiffre besteht. Erstens enthält ein Schlüsselwort notwendigerweise
Vokale im ungefähren Verhältnis von zwei Vokalen zu drei Konsonanten,
und es ist auch wahrscheinlich, dass ein Schlüsselwort andere gebräuchliche
Buchstaben enthält. Dieses Schlüsselwort wird in der ersten Zeile oder den
ersten Zeilen platziert. Wenn nun eine Tabelle erstellt wird, die zeigt, welche
Buchstaben in der Chiffre mit jedem Buchstaben vorkommen, wird man
feststellen, dass die Buchstaben mit der größten Anzahl anderer Buchstaben
in Kombination mit ihnen sehr wahrscheinlich Buchstaben des
Schlüsselworts oder eines anderen sind Wörter, Buchstaben, die in der ersten
oder zweiten Zeile vorkommen. Ein Beispiel soll dies verdeutlichen:

Nachricht

DB FN EX TZ MF TO VB QB QT OB XA OF PR TZ EQ RH QK QV
DX OK AB PR QI EL TV KE EX XS FS BP WD BO BY BF RO EA BO
RH QK QV TX GU EL AB TH TR XN ON EA AY XH BO HN EX BS
HR QB ZM SE XP HF GZ UG KC BD PO EA AY XH BO XP HF KR
QI AB PR QI EL BX FZ BI SE FX PB RA PR QI WC BR XD YG TB QT
EA AY XH BO HN EX BS HR QB PR QI EL BX BT HB QB NF SI SE
BX NU XP BU RB XB QR OX BA TB RH BP WD RP RO GU GX QR
SE ZY OX BA EL AX CW BY BA SX RK RO PR HB OP BD PI CN OX
EM RP KR XT EL AX CW EQ FZ SX EL RH RO PR HB UX DA SE XN
ZN GU EL BX FS DG DB TB ZL VE RH BO RQ.

Aus dieser Nachricht erstellen wir die folgende Tabelle und berücksichtigen dabei die Buchstaben jedes Paares:

Anfangsbuchstaben von Paaren

	A	B	C	D	E	F	G	H	ICH	K	L	M	N	Ö	P	Q	R	S	T	U	V	W	X	Y	Z
A		3		1	4												1						1		
B	3		2				3							1	1	4	1		3		1		1		
C								1													1				
D		2																			2		1		
E								1									5		1						
F		1				2				1	1	1													
G			1														1		1				1		
H																	5	1			3				
ICH	1														1	5		1							
K											1		2	1											
L				8																					1
M				1																					1
N			1		1	2						1										2		1	
Ö		6											1		4	1									
P		2										1			2						3				
Q				2																					
R		1				2		2							7	2			1						
S		2			2																		1		
T		1														2							1		
U		1					3					1													
V															2										
W			2																						

X	1	5		1	4	1	1									3					2	1	1			
Y		5																								1
Z						2	1														2					

Aus dieser Tabelle wählen wir die Buchstaben B , E , F , O , R , T , X als vorläufige Buchstaben des Schlüsselworts aus, da sie in verschiedenen anderen Buchstaben vorkommen. Da es für sieben Buchstaben nur zwei Vokale gibt, fügen wir A aufgrund seines Vorkommens mit B , D , E , R und X zur Liste hinzu . Damit bleiben die Buchstaben für die unteren Zeilen des Quadrats wie folgt:

.	.	.	.	.
.	.	.	C	D
G	H	IJ	K	L
M	N	P	Q	S
U	V	W	Y	Z

Wenn wir uns noch einmal die Tabelle ansehen, stellen wir fest, dass die häufigste Kombination EL ist , die achtmal vorkommt, ohne dass LE vorkommt . Nun ist TH das häufigste Paar im Klartext und HT kommt nicht häufig vor. Die Tatsache, dass H in derselben horizontalen Linie wie L auftritt und dass E und T wahrscheinlich im Schlüssel enthalten sind, wird uns dazu veranlassen, E in der ersten Zeile über H und T in der ersten Zeile über L zu setzen , um EL gleich zu machen TH .

Die zweithäufigste Kombination ist, dass PR siebenmal auftritt, wobei RP zweimal auftritt. Im teilweise angeordneten Quadrat ist PR gleich M_ oder N_ oder Q_ oder I_ . Wir können alle außer N_ eliminieren , und dieses N_ könnte nur NO oder NA sein , sodass wir vorläufig das R in der zweiten Zeile über H und das O und A in derselben Zeile über IJ setzen . Wir haben dann:

.	E	.	.	T
.	R	AO	C	D
G	H	IJ	K	L
M	N	P	Q	S
U	V	W	Y	Z

Lassen Sie uns dies nun überprüfen, indem wir die Kombinationen auswählen, die mit EL beginnen , und prüfen, ob die Tabelle sie lösen kann. Wir finden: ELTV , ELAB , ELBXFZ , ELBXBT , ELAXCWBY , ELAXCWEQ , ELRH , ELBXFS . Unter der Annahme, dass der Buchstabe nach EL E darstellt, wird er dreimal durch A , dreimal durch B , einmal durch R und einmal durch T dargestellt . Dies erfordert, dass A und B auf derselben horizontalen Linie wie E platziert werden , da T bereits dort liegt und R vorläufig unter E liegt .

Die Kombination ELTV entspricht nun THEZ . Wenn das T um eine Stelle nach links verschoben würde, wäre es THEY , eine wahrscheinlichere Kombination, aber dazu muss das L ebenfalls um eine Stelle nach links verschoben werden, indem I oder K in das Schlüsselwort eingefügt und O entfernt wird . R oder X und bringen Sie es an seinen Platz in der alphabetischen Reihenfolge zurück. Die häufigsten O- haltigen Paare sind BO sechsmal, RO viermal und OX dreimal. Nun sind diese Paare gleich EN , ES und HE , wenn in der vierten Zeile O zwischen N und P eingefügt wird . Wir werden es daher nicht mehr als einen Buchstaben des Schlüsselworts betrachten . Die Kombination ELAB kann nur THE_ sein , wenn man davon ausgeht, dass A der erste Buchstabe rechts von E ist . Die Kombination ELBX kommt dreimal vor. Wenn es THE_ darstellt , muss das B der erste Buchstabe der ersten Zeile sein und das X muss jetzt unter E platziert werden , wo das R vorläufig platziert wurde. Wir können THE_ aus ELRH herausholen , indem wir R in die erste Zeile setzen oder es dort belassen, wo es ist, aber das Übergewicht der BX- Kombination sollte die erstere Alternative nahelegen.

Ein neues Quadrat, das diese Änderungen zeigt, sieht folgendermaßen aus:

B	E	A	T	R
.	X	.	.	.
G	H	.	L	M
N	Ö	P	Q	S
U	V	W	Y	X

Wenn ich das Leerzeichen unter B einfüge, ergibt sich das Wort BEATRIX und da dort eindeutig ein Vokal erforderlich ist , verwenden wir IJ und lassen K zwischen H und L. Damit müssen noch C , D und F platziert werden. Zunächst sah es so aus, als stünde F in der Tonart, aber wenn es in der zweiten Zeile in der Nähe der Buchstaben der ersten Zeile steht, ergibt es die gleichen Hinweise. Dann haben wir das Quadrat vervollständigt

B	E	A	T	R
IJ	X	C	D	F
G	H	K	L	M
N	Ö	P	Q	S
U	V	W	Y	Z

Mit diesem Quadrat lässt sich die Nachricht problemlos entziffern.

„Es ist sehr häufig (x) notwendig, Chiffren zu verwenden, und sie werden seit vielen Jahrhunderten in den Beziehungen zwischen (x) und Regierungen zur Kommunikation eingesetzt zwischen (x) und Kommandeuren und ihren Untergebenen und insbesondere zwischen (x) und Regierungen und ihren Agenten im Ausland; Es gibt viele Fälle in der Geschichte, in denen das Erfassen einer Nachricht, die nicht verschlüsselt war, dazu geführt hat, dass die Entführer der Nachricht bei ihren militärischen Aktionen siegreich waren.“

Man wird sehen, dass die Methode von Lieut. Moorman ermöglichte es uns, aus acht vorläufig ausgewählten Buchstaben sechs Buchstaben des Schlüsselworts auszuwählen. Der Grund für das Erscheinen von F wurde bereits erwähnt; Der Buchstabe O kam mit vielen anderen Buchstaben vor, weil er zufällig in derselben Zeile mit N und S blieb und unter H stand . Daher war es wahrscheinlich, dass es sich um einen dieser drei Buchstaben handelte, die in jedem Text sehr häufig vorkommen.

Zweistellige Substitutions-Chiffren

FALL 9. – Zwei-Zeichen-Ersetzungs-Chiffren. Bei Chiffren dieser Art wird jeder Buchstabe des Textes durch zwei Buchstaben, Ziffern oder herkömmliche Zeichen ersetzt. Es gibt viele Möglichkeiten, die zu ersetzenden Zeichen zu erhalten, aber im Allgemeinen können diese Chiffren als spezielle Varianten von Fall 6 oder Fall 7 betrachtet werden. Die Chiffren, die unter diesen Fall fallen, eignen sich nicht gut für die telegrafische Korrespondenz, weil die Chiffriernachricht dies tun wird enthalten doppelt so viele Buchstaben wie der Klartext. Sie werden jedoch so verwendet; Es liegt ein Beispiel vor, bei dem jeder Buchstabe durch zwei Ziffern ersetzt wird, was die Übertragung per Telegraf sehr langsam macht.

Fall 9 lässt sich an einigen oder allen der folgenden Punkte erkennen: die Anzahl der Zeichen in der Chiffre ist immer eine gerade Zahl; oft erscheinen nur wenige, sagen wir fünf bis zehn, der Buchstaben des Alphabets; Entweder kann eine Häufigkeitstabelle für Paare des Chiffretexts erstellt werden, die der normalen Häufigkeitstabelle für einzelne Buchstaben ähnelt, oder Gruppen von vier Buchstaben zeigen eine regelmäßige Wiederholung, aus der die Chiffre wie in Fall 7 gelöst werden kann.

FALL 9a.—

Nachricht

RNTGN RAAGR NARNA GTGRA TGAAN NANGG RARAT NAANR
NNNRN AAAGG AANGR NGGNN NRNAA AANRA TNANN
NGGRN RNNRG TTGRG TGGRN ARNTG NNART GGRNR
GRNNT GTGAA NNARN ARNRT TGAGG GAAAA NANNA
RNAGA NGNAT NNNAT

Diese Nachricht enthält 160 Buchstaben und es wird darauf hingewiesen, dass die einzigen verwendeten Buchstaben A , G , N , R und T sind .

Wir können sofort eine einfache Zwei-Buchstaben-Ersetzungs-Chiffre erwarten. Es wird die Arbeit vereinfachen, wenn wir die Chiffre in Gruppen von zwei Buchstaben unterteilen und dann, wenn wir feststellen, dass es 26 oder weniger wiederkehrende Gruppen gibt, jeder Gruppe einen beliebigen Buchstaben zuordnen und die Chiffre nach der Methode von Fall 6 berechnen.

RN TG NR AA GR NA RN AG TG RA TG AA NN AN GG RA RA TN
AA NR NN NR NA AA GG AA NG RN GG NN NR NA AA AN RA TN
AN NN GG RN RN NR GT TG RG TG GR NA RN TG NN AR TG GR
NR GR NN TG TG AA NN AR NA RN RT TG AG GG AA AA NA NN
AR NA GA NG NA TN NN AT

Mit beliebigen Buchstaben ersetzt, haben wir

ABCDEFAGBHBDIJKH H LDCICFDKDMAKICFDJHLJI K A A
CNBOBEFABIPBECEB B DIPFAQBGKD D FIPFRMFLIS

Wenn wir nun eine Häufigkeitstabelle mit Angabe der Präfixe und Suffixe vorbereiten, haben wir:

	Frequenz	Präfix	Suffix
A	7	1111111	FMKAFF	BGKACBQ
B	10	1111111111	AGHNOAPIBQ	CHDOEIEBDG
C	6	111111	BDIIAE	DIFFNE

	Frequenz	Präfix	Suffix
D	9	111111111	CBLFKFBKD	EICKMJIDF
E	4	1111	DBBC	FFCI
F	8	11111111	ECCEPDPM	ADDAAIRL
G	2	11	AB	BK
H	4	1111	BKJH	BHLL
ICH	9	111111111	DCKJBEDFL	JCCKPBPP
J	3	111	IDL	KHI
K	5	11111	JDAIG	HDIAD
L	3	111	HHF	DJI
M	2	11	DR	AF
N	1	1	C	B
Ö	1	1	B	B
P	3	111	III	Beste Freundin
Q	1	1	A	B
R	1	1	F	M
S	1	1	ICH	

Eine kurze Untersuchung dieser Tabelle und der Verteilung in der Chiffre führt zu dem Schluss, dass B , F und C sicherlich Vokale sind und, wenn die normale Häufigkeit gilt, gleich E , O und A oder I sind . Ebenso sind D und I Konsonanten und wir können sie als N und T annehmen . ICH wird als T angenommen , da die Kombination IP (=möglicherweise TH) dreimal vorkommt. Der nächste Buchstabe in der Reihenfolge der Häufigkeit ist A ; Es ist sicherlich ein Konsonant und kann aufgrund seiner Häufigkeit als R angesehen werden. Probieren wir diese Annahmen nun in den ersten beiden Zeilen der Nachricht aus. Wir haben

R E A   N _ Ö R _ E _ E N T _ _ _ _ _ N A   T A   Ö N _ N _

ICH   ICH   ICH

Dies ist eindeutig das Wort REINFORCEMENTS und mit den so
gefundenen Buchstaben wird der Rest der Zeile zu AMMUNITIONAND .
Wir haben dann folgende Buchstaben ermittelt:

Beliebige Buchstaben A B C   D E F G H ICH J K L M

Klartext   R E ICH N F Ö C M T   S A U D

Wenn diese ersetzt werden , haben wir für die Nachricht:

Verstärkungen, Munition und Verpflegung müssen vor 15 Uhr ankommen,
sonst dürfen sie nicht auslaufen.

Daraus werden die restlichen Buchstaben ermittelt:

Beliebige Buchstaben N Ö P Q R S

Klartext   V B H W L X

Ersetzen wir nun die Zwei-Buchstaben-Gruppen durch die beliebigen
Buchstaben:

Beliebige Buchstaben	K	Ö	G	M	B	E	P	C	R	H	D	F	A	J	ICH L	N	Q	S
Gruppen mit zwei Buchstaben	GG	RG	AG	NG	TG	GR	AR	NR	GA	RA	AA	N / A	RN	EIN	NN	TN	GT	RT BEI
Klartext	A	B	C	D	E	F	H	ICH L	M	N	Ö	R	S	T	U	V	W	X

Es ist offensichtlich, dass die Chiffre mit den Buchstaben des Wortes
GRANT erstellt wurde , die mithilfe eines Quadrats dieser Art ausgewählt
wurden:

    G R A N   T

    G A B C D   E

    R F G H ICH K

    A L M N Ö   P

    N Q R S T   U

    T V W X Y   Z

Also TG=E , AN=S usw., wie wir bereits festgestellt haben.

Nachricht

1950492958 3123252815 4418452815 2048115041

2252115345 5849134124 5028552526 5933195222

5245113215 6215584143 2861361265 2945565015

2342455850 6345542019 1550185311 2115415828

1124174553 4554205950 2552454132 1533492048

5018152364

Eine Untersuchung der Gruppen von jeweils zwei Ziffern, aus denen diese Nachricht besteht, zeigt, dass wir 11 bis 36 und 41 bis 65 haben, wobei elf Gruppen fehlen. Nun ist die Kombination von 11 bis 36 in Ziffernsubstitutions-Chiffren sehr bekannt (siehe Fall 6-c), und es ist zu beachten, dass 41 bis 66 uns ein ähnliches Alphabet ergeben würden. Lassen Sie uns eine Häufigkeitstabelle in dieser Form erstellen:

Gruppe	**Frequenz**	**Gruppe**	**Frequenz**
11	11111	41	11111
12	1	42	1
13	1	43	1
14		44	1
15	111111111	45	111111111
16		46	
17	1	47	
18	111	48	11
19	111	49	111
20	1111	50	11111111
21	1	51	
22	11	52	1111

Gruppe Frequenz Gruppe Frequenz

Gruppe	Frequenz	Gruppe	Frequenz
23	111	53	111
24	11	54	11
25	111	55	1
26	1	56	1
27		57	
28	11111	58	11111
29	11	59	11
30		60	
31	1	61	1
32	11	62	1
33	11	63	1
34		64	1
35		65	1
36	1	66	

Jede dieser Tabellen sieht wie die normale Häufigkeitstabelle aus, mit Ausnahme der Position 20 und 50, die nach allen unseren Regeln T darstellen sollte und scheinbar 30 und 60 sein sollte. Aber nehmen wir an, wir geben das Alphabet und die entsprechenden Ziffern in dieser Form an:

```
        1 2 3 4 5 6 7 8 9   0
1 oder 4 A B C D E F G H ICH J
2 oder 5 K L M N Ö P Q R S   T
3 oder 6 U V W X Y Z
```

Dann ist A=11 oder 41, J=10 oder 40 und T=20 oder 50, wie wir herausgefunden haben. Mithilfe des oben genannten Alphabets kann die Nachricht leicht gelesen werden. Beachten Sie, dass diese Chiffre nur aus zehn Zeichen besteht, den arabischen Ziffern.

Fall 9c —

Nachricht

1156254676 2542294432 1949294015 1423217211 2979703115

4924213511 7424147875 7646252444 5143254845 3179742533

4055461512 7573227945 1627481511 7042351944 1378252149

2514764553 1548342126 7215254075 1611257845 4642217415

4952197929 7015242143 2925444933 1970187531 4079254829

4551491411 7321171554

Eine Untersuchung dieser Nachricht zeigt, dass sie aus vierundvierzig
verschiedenen zweistelligen Gruppen besteht, die von 11 bis 79 reichen.
Lassen Sie uns eine Häufigkeitstabelle dieser Gruppen erstellen.

Gruppe Frequenz

Gruppe	Frequenz
11	111111
12	1
13	1
14	1111
15	111111111
16	11
17	1
18	1
19	1111
20	
21	1111111
22	1
23	1
24	1111

Gruppe Frequenz

Gruppe	Frequenz
25	11111111111
26	1
27	1
28	
29	111111
30	
31	111
32	1
33	11
34	1
35	11
36	
37	
38	
39	
40	1111
41	
42	111
43	11
44	1111
45	11111
46	1111
47	
48	1111

Gruppe Frequenz

Gruppe	Frequenz
49	111111
50	
51	11
52	1
53	1
54	1
55	1
56	1
57	
58	
59	
70	1111
71	
72	11
73	11
74	111
75	1111
76	111
77	
78	111
79	11111

Wir bemerken sofort die Ähnlichkeit zwischen den Häufigkeitstabellen für die Gruppen 11 bis 19 und 21 bis 29; für die Gruppen 30 bis 36 und 50 bis 56; und für die Gruppen 40 bis 49 und 70 bis 79. Auch die Gruppen 11 bis 19 und 21 bis 29 haben eine Häufigkeit, die gut zur normalen Häufigkeitstabelle der Buchstaben A bis I passt ; die Gruppen 41 bis 49 und

71 bis 79 haben eine Häufigkeit, die gut zur normalen Häufigkeitstabelle der Buchstaben K bis S passt ; und die Gruppen 31 bis 36 und 51 bis 56 haben eine Häufigkeit, die gut zur normalen Häufigkeitstabelle der Buchstaben U bis Z passt . Wir haben J und T nicht berücksichtigt, aber beachten Sie, was in Fall 9-b passiert ist und dass 40 und 70 gut mit T übereinstimmen würden , wenn sie jeweils auf 49 und 79 folgen würden. Wir können nun eine Chiffriertabelle wie folgt erstellen :

          1 2 3 4 5 6 7 8 9   0

1 oder 2 A B C   D E F G H ICH J

4 oder 7 K L M N Ö P Q R S   T

3 oder 5 U V W X Y Z

und diese Tabelle wird die Chiffriernachricht lösen.

Bei Chiffren, die unter die Fälle 9-b und 9-c fallen, ist es nicht ungewöhnlich, einige der nicht verwendeten Zahlen wie 85, 93 usw. ganzen Wörtern im allgemeinen Gebrauch oder Namen von Personen oder Orten zuzuordnen. Falls solche Gruppen gefunden werden, muss die Bedeutung aus dem Kontext erraten werden; Wenn jedoch viele Nachrichten in derselben Chiffre verfügbar sind, wird die Bedeutung dieser Gruppen schnell ermittelt. Das Erscheinen solch seltsamer Zahlengruppen in einer Nachricht stört die Analyse nicht wesentlich, und beim Entschlüsseln der Nachricht wird sofort klar, dass es sich dabei um ganze Wörter und nicht um Buchstaben handelt.

KAPITEL IX

Andere Substitutionsmethoden

vorstehenden Fälle erschöpfen keineswegs die Möglichkeiten der Substitutions-Chiffre, sondern umfassen praktisch alle Methoden, die für militärische Zwecke zufriedenstellend sind, unter Berücksichtigung der Zeiteinsparung, der Minimierung geistiger Belastung und der Forderung, komplizierte Apparate und Regeln zu vermeiden und dass die resultierende Chiffre an die telegrafische Korrespondenz angepasst werden sollte.

Eine Nachricht kann zwei- oder mehrmals mit jeweils einem anderen Schlüsselwort neu verschlüsselt werden, oder sie kann mit einer Methode verschlüsselt und mit einer anderen Methode erneut verschlüsselt werden, wobei dasselbe oder ein anderes Schlüsselwort verwendet wird. Für besondere Zwecke wurden komplizierte Verschlüsselungssysteme entwickelt, die das Auswendiglernen oder Verweisen auf zahlreiche Regeln erfordern. Solche Systeme versagen in der Regel vollständig, wenn es zu Übertragungsfehlern kommt, und wie sich später zeigt, sind solche Fehler sehr häufig.

Es gibt mehrere raffinierte Chiffriermaschinen, mit denen komplizierte Chiffren erstellt werden können. Wenn das Gerät jedoch verfügbar ist und längere Nachrichten zur Untersuchung vorliegen, ist es normalerweise möglich, sie zu lösen. Solche Maschinen sind in der Regel nicht einfach und klein genug für den Feldeinsatz; und es muss immer daran erinnert werden, dass eine Maschinenchiffriermaschine nach bestimmten mechanischen Zyklen arbeitet, die bestimmt werden können, wenn die Maschine verfügbar ist.

Ein Buch von Commandant Bazeries mit dem Titel „ Etude sur la Cryptographie Militaire " und eine Artikelserie von A. Collon mit dem Titel „ Etude sur la Cryptographie ", die 1899–1902 in der Revue de L'Armée Belge erschien , dienen als Illustrationen und Einzelheiten zum Betrieb mehrerer dieser Chiffriermaschinen. Letzteres geht auf die Methoden zur Entschlüsselung von mit ihnen verschlüsselten Nachrichten ein. Diese Analysemethoden erfordern lange Nachrichten, und da jede davon nur an das Produkt einer bestimmten Maschine oder eines bestimmten Geräts angepasst ist, wird es nicht als ratsam erachtet, sie hier zu diskutieren. Wer sich für solch fortgeschrittene Chiffrierarbeiten interessiert, muss sich auf diese und andere europäische Autoren zu diesem Thema beziehen.

Die Anforderung, Chiffriernachrichten an die telegrafische Übertragung anzupassen, schließt Chiffren praktisch aus, bei denen jeder Buchstabe des

Klartextes durch drei oder mehr Buchstaben oder ganze Wörter ersetzt wird. Solche Chiffren könnten für die Übertragung sehr kurzer Nachrichten verwendet werden, aber in keinem anderen Fall.

Die Chiffre von Fall 7 mit einem Schlüsselwort oder einer Schlüsselphrase, die länger als ein Viertel der Nachricht ist, die Chiffre nach der Methode von Fall 7, bei der eine bestimmte Seite eines Buches als Schlüssel verwendet wird, und die Chiffre mit einem laufenden Schlüssel, wo Jeder Buchstabe der Chiffre ist der Schlüssel für die Verschlüsselung des nächsten Buchstabens. Theoretisch sieht alles sicher und wünschenswert aus, aber praktisch ist die Arbeit der Verschlüsselung und Entschlüsselung hoffnungslos langsam, und Fehler bei der Verschlüsselung oder Übertragung erschweren die Entschlüsselung sehr. Im Übrigen können die erste und zweite dieser Chiffren durch die spezielle Lösung für Fall 7 gelöst werden, und die dritte kann gelöst werden, indem jeder der sechsundzwanzig Buchstaben des Alphabets als erster Schlüsselbuchstabe ausprobiert und die Arbeit dann für fünf fortgesetzt wird oder sechs Buchstaben der Chiffre. Wenn der richtige Primärschlüsselbuchstabe gefunden ist, ergibt die Lösung der nächsten fünf oder sechs Buchstaben der Chiffre einen Sinn, und danach bietet die Chiffre keine Schwierigkeiten mehr.

Es gibt zahlreiche andere Methoden, um aus einem kurzen Schlüsselwort einen praktisch sehr langen oder sogar unendlich langen Schlüssel zu erstellen, aber alle diese Verschlüsselungsmethoden haben die gleichen praktischen Nachteile wie Langsamkeit und Schwierigkeiten bei der Entschlüsselung, wenn Fehler bei der Verschlüsselung oder Übermittlung erfolgt.

Die Chiffren Napoleons waren lange Zahlenreihen, die Buchstaben, Silben und Wörter darstellten. Es waren wirklich Codes; und ein Code, der auf diesen Prinzipien basiert, aber Buchstaben anstelle von Ziffern verwendet, könnte sehr leicht entwickelt werden. Der War Department Code, der Western Union Code und eigentlich alle Codes sind nichts anderes als spezielle Substitutions-Chiffren, bei denen jedes Codewort einen Buchstaben, ein Wort oder eine Phrase des Klartextes darstellt.

Kombinierte Transpositions- und Substitutionsmethoden

Es ist offensichtlich, dass eine Nachricht mit jeder Transpositionsmethode verschlüsselt werden kann und das Ergebnis erneut mit jeder Substitutionsmethode verschlüsselt werden kann oder umgekehrt. Dies nimmt jedoch Zeit in Anspruch und führt zu Fehlern in der Arbeit, so dass es sich bei der Anwendung eines solchen Verfahrens wahrscheinlich um sehr einfache Substitutions- und Transpositions-Chiffren handelt, die relativ schnell angewendet werden können.

Nach vorläufiger Feststellung wird eine durch eine solche Kombination von Methoden erstellte Chiffre als eine Substitutions-Chiffre erscheinen, die als solche gelöst werden muss. Die Häufigkeitstabelle des Ergebnisses ähnelt der normalen Häufigkeitstabelle, obwohl die Nachricht immer noch unverständlich ist und wir sofort wissen, dass es sich um eine Transpositionsverschlüsselung zur weiteren Lösung handelt.

Die üblicherweise in Kombinationsverschlüsselungsmethoden vorkommenden Substitutionsmethoden sind die der Fälle 4, 5 und 6, und die Transpositionsmethode ist fast immer Fall 1, und insbesondere die einfachen Varianten dieses Falles wie die Zaunschiene (Fall 1-i), die umgekehrte Schreibweise oder vertikales Schreiben.

Einige Beispiele zeigen einige der möglichen Kombinationen.

Die erste Zeile der Nachricht von Fall 4-a lautet:

OBQFOBPBRP

BFBBPOQOPR (Fall 1-i) oder PRBPBOFQBO (Fall 1, umgekehrte Schreibweise) oder OFQBOPRBPB (Fall 1, umgekehrt durch Fünfergruppen) schreiben .

Die erste Zeile der Nachricht von Fall 2-b lautet:

SLCOF WEETN EBRDO ORVYM FFEDI

TMDPG XFFUO FCSEP PSWZN GGFEJ oder RKBNE VDDSM DAQCN NQUXL EEDCH schreiben (Fall 4-a, einen Buchstaben vorwärts oder einen Buchstaben zurück).

Diese Beispiele geben einen Eindruck vom Einsatz von Kombinationsmethoden. Es ist sehr selten, dass sowohl komplizierte Transpositions- als auch Substitutionsmethoden in Kombination verwendet werden. Wenn das eine kompliziert ist, wird das andere normalerweise sehr einfach sein; und normalerweise sind beide einfach, der Absender hängt von der Kombination der beiden ab, um Unentzifferbarkeit zu erreichen. Es ist offensichtlich, wie sinnlos diese Idee ist.

Methoden zur Verschlüsselung von Zahlen

Es ist häufig wünschenswert, Ziffern im Textkörper einer Chiffriernachricht zu senden. Mehrere Verschlüsselungssysteme schreiben vor, dass alle Ziffern im Text einer Nachricht buchstabiert werden müssen; Und obwohl es keinen Zweifel daran gibt, dass dies eine größere Genauigkeit gewährleistet , erhöht es auch die Länge solcher Nachrichten erheblich. In den meisten Systemen, in denen das Senden von Ziffern zulässig ist, wird das folgende System verwendet. Ein Indikator, einer der selten verwendeten Buchstaben und insbesondere

1 2 3 4 5 6 7 8 9   0

A B C D E F G H ICH J

Anschließend wird die Nachricht verschlüsselt, wobei der Indikator und die ersetzten Buchstaben so behandelt werden, als wären sie die Buchstaben eines Wortes. Der Entschlüsseler, der zu einem X kommt , einer Reihe der Buchstaben der obigen Tabelle und einem weiteren X , verwirft die X und ersetzt die Buchstaben durch Zahlen.

Manchmal wird kein Indikator verwendet, sondern das System der Ersetzung eines bestimmten Buchstabens für jede Ziffer wird befolgt. Auch hier kann der Indikator NR anstelle eines einzelnen Buchstabens verwendet werden.

Sonderzeichen wie ? können auch durch herkömmliche Buchstaben ersetzt werden. , $, " , - sowie Punkte und Kommas, was jedoch selten vorkommt, mit Ausnahme des Punkts und des Fragezeichens. Der Kontext bestimmt normalerweise die Bedeutung solcher Buchstaben, wenn sie gefunden werden. In diesem Zusammenhang ist die Verwendung von X für das Ende eines Satzes und Q für die Darstellung eines Fragezeichens weit verbreitet.

KAPITEL X

Fehler bei der Verschlüsselung und Übertragung

Eine der schwierigsten Aufgaben für den Chiffrierexperten ist die Korrektur von Fehlern, die sich bei der Verschlüsselung und Übertragung per Telegraf oder Funk in Chiffriertexte einschleichen.

Bei manchen Chiffriermethoden führt ein Fehler bei der Verschlüsselung eines Buchstabens oder das Auslassen eines Buchstabens zu einer so starken Störung des Entschlüsselungsvorgangs, dass nur jemand, der mit solchen Fehlern vertraut ist, die notwendigen Korrekturen vornehmen kann.

Die Übermittlung von Chiffriertexten per Telegraf oder Funk ist ein langsamer Prozess, und viele einigermaßen gute Operatoren können solche Informationen nicht zufriedenstellend empfangen, weil sie auf Wörter achten und manchmal Buchstaben erraten müssen. Die Leerzeichen in der amerikanischen Morseschrift sind die Ursache für so viele Fehler bei der Codeübertragung, dass der Code des Kriegsministeriums keine Gruppen vorsieht, die sie verwenden. Tatsächlich ist dieser Code auf die Buchstaben beschränkt

A B D E F G ICH K M N S T U X

damit diese Verwirrung möglichst gering bleibt.

Bei Chiffrierarbeiten ist es unter normalen Umständen notwendig, einige oder alle Buchstaben des Alphabets zu verwenden. Um den Bedienern dabei zu helfen, den Text klar zu halten, ist es üblich, Chiffretext in Gruppen von vier, fünf, sechs oder zehn Buchstaben zu unterteilen, und normalerweise werden Gruppen von fünf Buchstaben verwendet. Der empfangende Betreiber kann dann mit fünf Buchstaben pro Gruppe rechnen, und wenn er mehr oder weniger erhält , ist er sicher, dass entweder ihm oder dem sendenden Betreiber ein Fehler unterlaufen ist. Diese Einteilung in Gruppen mit einer konstanten Anzahl von Buchstaben eliminiert Wortformen und erhöht nach Ansicht des Laien die Schwierigkeit, die Chiffre zu lösen. Aber der Anstieg des Schwierigkeitsgrads ist eher scheinbar als real; Insbesondere, da ein Chiffrierprüfer gewöhnlich mit Chiffren ohne Wortformen zu tun hat und das Auftreten einer Chiffre mit Wortformen normalerweise bedeutet, dass er eine leicht zu handhabende Chiffre hat.

Gelegentlich werden Nachrichten angetroffen, die teilweise aus Klartext und teilweise aus Chiffre bestehen. Der Chiffrierteil kann seine Wortformen beibehalten oder auch nicht, aber wenn diese Methode verwendet wird, ist es offensichtlich unmöglich, eine feste Anzahl von Buchstaben in jeder

Chiffriergruppe zu haben, wenn die Wortformen nicht verwendet werden. Es ist nahezu unmöglich, Übertragungsfehler in solchen Nachrichten zu verhindern, und es erfordert oft erhebliches Geschick und viel Arbeit, sie zu korrigieren.

Für diejenigen, die mit den Telegraphenalphabeten nicht vertraut sind, werden sie unten aufgeführt. Nachrichten, die von kommerziellen oder militärischen Telegraphen oder Summerlinien gesendet werden, werden mit dem amerikanischen Morsealphabet übertragen. Die per Funk, visuellen Signalen oder Unterseekabel gesendeten Daten werden von Continental Morse übertragen, das auch als Internationaler Code bekannt ist. Nachrichten können im Verlauf der Übertragung in beiden Alphabeten übermittelt werden. Beispielsweise wird ein Telegramm von den Philippinen nach Nome, Alaska, per Continental Morse (kommerzielles Kabel) von Manila nach San Francisco, per American Morse (kommerzielle Festnetzleitung) von San Francisco nach Seattle und per Continental Morse (Militärkabel) übertragen. von Seattle nach Valdez, mit American Morse (militärischer Festnetzanschluss) von Valdez nach Nulato und mit Continental Morse (Militärfunk) von Nulato nach Nome.

Vor Februar 1914 verwendeten die Telegraphenleitungen der mexikanischen Regierung ein Alphabet, das sich geringfügig vom amerikanischen und kontinentalen Morsealphabet unterschied. Zu dieser Zeit war jedoch die Verwendung des kontinentalen Morsealphabets auf diesen Linien vorgeschrieben, und es wird angenommen, dass die Verwendung des alten Alphabets auf mexikanischen Linien vollständig aufgehört hat. Geschickte amerikanische Bediener hätten jedoch keine Schwierigkeiten, dieses Alphabet zu erlernen, wenn sich herausstellen würde, dass es in Gebrauch ist.

Die Funkkommunikation erfolgt nach internationaler Konvention ausnahmslos in kontinentaler Morsesprache.

Telegraphen-Alphabete

Charakter	Amerikanischer Morsetext	Kontinentaler Morsecode oder Internationaler Code
A	. -	. -
B	- . . .	- . . .
C	. .	- . - .
D	- . .	- . .

Charakter	Amerikanischer Morsetext	Kontinentaler Morsecode oder Internationaler Code
E	.	.
F	. - .	. . - .
G	- - .	- - .
H	. . . .	. . . .
ICH	. .	. .
J	- . - .	. - - -
K	- . -	- . -
L	—	. - . .
M	- -	- -
N	- .	- .
Ö	. .	- - -
P	. . . . .	. - - .
Q	. . - .	- - . -
R	. . .	. - .
S	. . .	. . .
T	-	-
U	. . -	. . -
V	. . . -	. . . -
W	. - -	. - -
X	. - . .	- . . -
Y	. . . .	- . - -

Charakter	Amerikanischer Morsetext	Kontinentaler Morsecode oder Internationaler Code
Z	. . . .	- - . .
1	. - - .	. - - - -
2	. . - . .	. . - - -
3	. . . - .	. . . - -
4	. . . . -	. . . . -
5	- - -	. . . . .
6	. . . . . .	- . . . .
7	- - . .	- - . . .
8	-	- - - . .
9	- . . -	- - - - .
0	——	- - - - -
Zeitraum	. . - - . .	. - . - . -
Fragezeichen	- . . - .	. . - - . .
Komma	. - . -	- - . . - -